图解
王阳明心学

牧若山 编著

民主与建设出版社
·北京·

图书在版编目（CIP）数据

图解王阳明心学 / 牧若山编著 . –– 北京：民主与
建设出版社 , 2023.5
ISBN 978–7–5139–4219–5

Ⅰ . ①图… Ⅱ . ①牧… Ⅲ . ①王守仁（1472–1528）—
心学—图解 Ⅳ . ① B248.2–64

中国国家版本馆 CIP 数据核字（2023）第 108166 号

图解王阳明心学
TUJIE WANG YANGMING XINXUE

编　　著	牧若山	
责任编辑	刘树民	
封面设计	春浅浅	
出版发行	民主与建设出版社有限责任公司	
电　　话	（010）59417747　59419778	
社　　址	北京市海淀区西三环中路 10 号望海楼 E 座 7 层	
邮　　编	100142	
印　　刷	三河市众誉天成印务有限公司	
版　　次	2023 年 5 月第 1 版	
印　　次	2023 年 7 月第 1 次印刷	
开　　本	880mm×1230mm　　1/32	
印　　张	8	
字　　数	140 千字	
书　　号	ISBN 978–7–5139–4219–5	
定　　价	39.80 元	

注：如有印、装质量问题，请与出版社联系。

前 言

　　"为天地立心，为生民立命，为往圣继绝学，为万世开太平。"北宋思想家张载这四句名言用来评价王阳明心学再合适不过。

　　自唐朝以来，有打破门户之见兼学儒、佛、道三家而卓有成就者很多，但熔众家于一炉、自成一家的学者不多，能将学问转化为能量、应用于实践者更是寥寥无几，王阳明便是其中一位。因此，他被称为中国历史上罕见的"全能大儒"。《明史》赞曰："终明之世，文臣用兵制胜，未有如阳明者。"清代学者公认他为"明第一流人物"，立德、立功、立言，皆居第一。

　　王阳明生于明朝中叶，在那个社会动荡、政治腐败、学术萎靡的时代，他怀着成为圣贤的抱负，以拯救天下苍生为己任，创立了令人瞩目的世功和学说。王阳明命运多舛，屡试未中，及第之后在兵部任职，因反对宦官刘瑾擅政，被贬谪为龙场驿丞，后来受朝廷重用，平定叛乱屡建奇功，荣封新建伯，官至南京兵部尚书。在学术思想方面，他钻研朱熹的"格物致知"儒家思想，对"存天理，灭人欲"之说产生了疑惑，认为朱子学说不是真正的圣人之学，只有心学才能解释其中的困惑，从而转学陆九渊的学说，并将其发扬光大。

纵观王阳明的一生，作为军事家和政治家，他立下不世之功，留名史册；作为思想家，他开创儒学新天地，成为一代心学宗师。正如梁启超评价王阳明："他在近代学术界中，极其伟大，军事上、政治上，多有很大的勋业。"虽然他一生坎坷，历经贬谪、受诬、辞官、病老等不幸，但是他在思想上却达到了一个全新的高度，他继承了南宋大儒陆九渊的心学，以自己的体悟加以完善，形成了独具一格的心学体系。当时，朱熹和二程理学已在学术思想和意识形态方面取得了统治地位，明清都规定科举考试不得超越朱熹的注解，思想控制日趋严重，而王阳明的心学却成为对抗理学、打破思想禁锢的一股强大力量。

王阳明的心学虽然一度被认定为"伪学"而禁止流传，解禁后也一直被理学打压，但仍广为传播。中国著名学者郭沫若先生曾说："王阳明是伟大的精神生活者，他是儒家精神的复活者。"哈佛大学教授杜维明认为王阳明是近五百年来儒家思想的源头活水。由此可见，王阳明在中国传统儒家文化精神的传承和立新两方面都占据着重要地位。

王阳明的思想大致可分为心即是理的人生论、知行合一的认识论和致良知的修养学说三个部分。王阳明的心学思想旨在呼唤人的本体意识，着重强调个体本身的价值和自我人性的修养。心学不仅对当时的社会产生了巨大的影响，而且对现在的社会也具有深刻的意义。

本书从不同角度展示了王阳明在修心、仁爱、至诚等方面的心学智慧以及心学思想对当代社会的一些重要启示与深远影响。在如今这样一个生活日趋繁杂缭乱、心灵日趋疲惫不堪和脚步日趋忙碌不停的时代，读者朋友们可以通过阅读本书领略王阳明心学之精妙。诚如王阳明所言："此心不动，随机而动。"让我们关注自己的心灵，修炼强大的内心，从而在浮躁的社会中独享一份宁静，获得内心的充实与幸福。

目 录

contents

第一章
持纯粹心，做至诚人

001

目录
contents

目录
contents

第四章
宅心仁厚，心宽是福   067

目录
contents

目 录
contents

第七章
知行合一，言行一致   **141**

目录
contents

目 录
contents

第一章
持纯粹心，做至诚人

"诚字有以工夫说者。诚是心之本体，求复其本体，便是思诚的工夫。"

——《传习录》

清水芙蓉，纯然初心

顾东桥收到的王阳明回信中写道：心的本体是诚，若是能够恢复诚，就能拥有思诚的功夫。诚是非常本真的东西，没有什么浮华的雕饰。这样每个人的"初心"就能被保存下来，不被外面的世界所污染，一直保持纯洁、磊落。有人说，这个世界最原始的东西应该是"初心"，这是一个不带任何功利色彩的词汇。就好比大自然之中怒放的花朵、摇摆的枝条、轻拂的风一样。他们在这个世界上的活动只凭本心，他们的所作所为没有什么特别的与利益有关的东西夹杂在里面。

李白有诗曰："清水出芙蓉，天然去雕饰。"如果一个人没有了心机，就能使生活恢复正常，而且，若是没有什么想要得到的东西，那么他之后的生活就能和李白诗中的芙蓉相媲美，安静、美好。王阳明认为心和理是一样的，这两者从本质上来说是同一种事物，要做到符合天理，就必须除掉人的私心。说到这一点，很少有人能够意识到，或者难以接受这样新鲜的理论，因而总是坚持自己的想法，但是却不知道自己的坚持本来就是个错误的想法。这种"聪明"反而容易坏事，倒不如学学王阳明的思想，摒除一切的杂念，在简单中得道。

先天的智慧表现出来就是聪明，很多人都羡慕那些天赋极高的人，但是却不明白这些人的聪明并不一定能给他们带来成功，很多聪明人在现实中都一事无成。天赋与成功的关系就好比古代的君和民的关系一样。苏轼的《洗儿》是这样说的："人皆养子望聪明，我被聪明误一生。惟愿孩儿愚且鲁，无灾无难到公卿。"苏轼觉得自己一生的苦都是聪明的原因所致，甚至他总是让自己的孩子不要和他一样聪明。有聪明这个天赋本来是好事，但是如果机关算尽的话，则只会给人带来痛苦，这也是苏轼对后世人的劝告。

一个人的才智也会有遇到瓶颈的时候，神灵也许有一天也会考虑不周全。俗话说：聪明难，糊涂难，但是聪明人有时候反而比不上糊涂人。舍弃小聪明反而更能衬托一个人的智慧，摒除带有伪装的善良举动才更有利于让你找回原有的善性。若是在耍心机这条道路上不懂得适时回头，就只能离自己的本心更加遥远，就好比追自己的影子，影子的速度会随着自己速度的加快而加快，这样就永远不可能追到它了。所以，要想得到幸福，舍弃机巧之心是很有必要的，事实上，真正的聪明是那份"难得糊涂"的心态。

很多人都知道音乐是需要天赋的，虽然技巧非常重要，但是很多只注重表面浮华的技巧反而不利于表达情感。其实人生也是这样的，如果每个人都在耍小聪明，那只会增加这个世界的复杂程度，到最后，还是得舍弃这些，才能平平稳稳地过日子。这个世界之所以能够让我们存在，虽然有心机的因素在内，但是减少它的程度也是绝对必要的。当然，若能除掉它，人就能够保持内心的平静，就会重新拥有浪漫的情怀。

保持本色，出以真情

泰山的雄伟得益于其拔地而起的气势；黄山的瑰丽得益于它的吞云吐雾；峨嵋的清秀神奇得益于其群山的万千个性和姿态。总之，这些事物都很美。世间所有的生灵以及万物皆因其与众不同的个性而被人赞美，生活在这之间的人也因其个性而被人传颂。黄宏刚曾经受到王阳明的教导，王阳明对他说："无事时固是独知，有事时亦是独知。"若是人只关心自己所关心的事情，那么这是很明显的作假。因此，一个人如果真的想生活得快乐美好，就要真真实实地活着，不要试图欺骗别人。

子路、曾皙、冉有、公西华围坐在一起听孔子讲学。孔子说："你们不能因为我的年纪是最大的就想用假话敷衍我，我时常听见你们说：'怎么无人知道我呢！'现在我问你们，若是现在有人要给你们机会，你们会怎么做呢？"子路率先回答说："假若一个国家拥有一千辆兵车，老是被别的大国家侵略，加上国家内部的饥荒又出现了，面对这样的情况，我保证不出三年就能让那个国家的人变得强大起来，并且还能够使他们懂得如何做人。"

孔子没有说话，接着问："冉有，你的想法是什么？"冉有这时候也回答说："如果我有机会去管理一个纵横五六十里或六七十里的国家，三年后，我就能够使那里的老百姓富足起来。但是在礼乐方面，我只能再请更优秀的人才来。"

紧接着，孔子又问公西华："公西华，你呢？"公西华说："我现在不敢做出什么保证，但是我很愿意对这些事情进行学习。在一些例如祭祀的活动中，我愿意把礼服穿得很好，端正自己的帽子，做个出色的礼官。"

最后，孔子又问曾皙，这时，他立马停下节奏，把瑟放在身边，端正姿势后说："我的有点不一样！"孔子说："不要紧的。大家不过是随便聊聊而已。"曾皙说："晚春的时候，天气非常舒服，大家已经穿着春天的衣服了。我希望我能和几个人结伴去河里洗澡，然后一起听听风声，回来的时候一路唱着歌。"

孔子这几位弟子的个性我们了解了，子路忠勇、冉有谨慎、公西华谦虚、曾皙淡然。个性是每个人身上与众不同的东西，它不会因为周围环境的改变而发生变化。这种只属于自己的东西永远是最美丽的。王夫之曾经在著作《庄子通》中说，人活在世界上，不可能"挟心而与天下游"，不然只能落得"韩非知说之难，而以说诛。扬雄知白之不可守，而以玄死"的结果。"挟心而与天下游"这种事情既然不可能发生，那就需要人们在生活中"以真示人"。但是大多数人都自作聪明，认为别人都很好骗，其实，人的智慧差别并不大，其他人难道不知道你的水平吗？

在东晋的大家族里，王家有很高的社会地位，因此太尉郗鉴想和王家攀亲。郗鉴有个女儿，不仅漂亮，而且很聪明，他十分宠爱，将其视为掌上明珠，肯定得找个门当户对的才配得上。郗鉴觉得自己和王家还算门当户对，而且他和王家老爷也比较熟，更重要的是王家的儿子也非常出色。

于是，郗鉴找了个机会和王家老爷说了这事。王家老爷王垂相说："这主意不错，我有好几个儿子，那么你就直接去我家挑选好了。您挑中了谁就是谁。"

于是，郗鉴拿上礼品带着人去了王府。王府弟子对于这件重大事情都有所耳闻，而且也都做了充足的准备。郗鉴看来看去，还是发现少了一个。于是郗鉴要求管家代他去找，最后，他在东跨院的书房里找到了他，但是这个人似乎对这件事情根本不感兴趣。管家如实向郗鉴汇报说："王家的少爷们个个都是一表人才，他们知道您要来以后个个都打扮了一下，不仅模样好，而且礼仪也很到位，只是东跨院的那位公子似乎对这事没有什么兴趣。"郗鉴说："那就是他了！"随后，他又专门派人去打听这人是谁，其实，这个人就是王羲之。郗鉴见王羲之各方面都很不错，当场就把自己准备好的聘礼拿了出来，于是王羲之成了他的女婿。王羲之在这个时候仍能够自处，就是因为他能守住自己的本性。

成功人生，成就大小在其次，最重要的是要能够活出自己的色彩。自己管好自己的脚下就好了，何必要关心他人的看法，因此，不要被别人的评论影响，只要按自己的想法去做就行了。不断伪装自己只会失去本真，人这样活着还有什么意义可言呢？王阳明总是说要恢复诚，就是为了告诉世人保持本真。每个人都是举世无双的，没有必要活在别人的眼光里，要维持自我，你不需要心机，只需要真诚地对待一切。实际上，只要我们能够保持自己坚定的信念，就一定能够活得非常充实、美好。

真心着眼，敦本尚实

有一次，王阳明去南镇玩，他的朋友指着小花问他："你老是说心中包含了万物，但是这朵花自生自灭，这跟我的心应该没有半点关系吧？"王阳明答道："在这之前，花和你的心是不相干的事物。但就在你发现了它的那一刻，它就走进了你的心里，你的心头便能够显现出这花朵的样子，现在你就不能说它在你心外了。对于你来说，它之所以能够存在，是因为它能反映到你的心里。"

王阳明的这些话可以从不同角度来解释，但是最终都得落到"心"上。世界上的一切事物是否在你心里，在于你对于世间万物是否有本心。

王阳明上面提到的这个真似乎是真诚、真挚、真君子的真，若没有了这个，人就只剩下空壳了。若是舍弃了真，那么人对世界上所发生的一切都不会有什么感觉，到最后一无所得。人心之中善恶不一，有人高风亮节，也有人随波逐流。正是因为人心不真，才会有人感慨"这万丈红尘，最难揣摩的就是人心"。王阳明的学问就是追求真心的结果。简而言之，若你没有一颗真挚的诚心，一定做不出来善良的事情。

有一天，杨时、游酢去找程颐请教一些事情，不巧，程颐在午休。程颐虽然知道门口有两个客人已经到了，但是他却故意不理不睬。杨、游并不生气，只是恭敬地站在门口一声不吭，希望他能够早点醒过来。那一天是冬季，并且很冷，而且后来天上还飘起雪来。一直等到门外的雪有一尺多深的时候，程颐才起来，见到二人之后，他装作十分惊讶地问候他们："哎呀！真是对不起，原来你们早就到了啊。"尽管如此，这两个人当时仍旧表现得特别虔诚。

杨时、游酢二人"程门立雪"，只为了能够拜访这样的名师。他俩十分仰慕程颐，虽然他们知道程颐是故意为难他们，但是他们仍旧对程颐怀有礼貌和诚挚之心。他们的这种行为发自内心，不是功利性的，像他们这样的行为和品格是非常真的，不会因外物而改变。

能够正视现实且能够把自己的内心袒露出来的人，一般来说，更能感化人，获取理解。然而，人不可能永远保持这种心境。比如刚步入社会的青年总是满腔壮志，但处世久了，受到挫折后心里可能就会有杂念。原本十分外向的人可能会变得沉默，原本坦白的心也开始遮遮掩掩了，原本有志向的心开始绝望了。

事实上，外界的这一切都影响不了人，关键是每个人的思想应该独立起来，这样的话，无论是在多么复杂的环境下，都能够让自己当初的心境保留下去，这就是所谓的"本心"。若把动静互补当作是生命的形态，那么，本心为真当然也是一种生命形态。王阳明常言："真，吾之好也。"佛家说可以把世界上所有的人都分为名和利两种，同理，世界上的事情也只能分为真和假两种。求真的人实在，求假的人虚荣，虚实之间，不仅包含着个人的态度，更包含着人对自己的剖析。总之，骗别人容易，骗自己难。

朴实的人生态度

王阳明的学说中不分善恶。若果真有的话，那也只存在于人心中，善就是遵循自然，恶就是掺杂私欲。所谓善恶，只不过是本性在环境影响下的反应，善恶之分的出现往往是出于人们的习惯，而不是本质。本性是内在的，平时也许是隐藏的，但是会在关键时刻显现出来。你的习惯、性格、人生态度，在很大程度上都取决于它。人生来就有朴素自然的特点，因为受到后天教育的影响，本来自然的人性被打上了各种标签，原本所有的都消失了。其实，人对于自己不应该故意雕琢，而要学会保持生命中最原始的东西。

有一个人出生在先秦时期的燕国寿陵。这位少年出身很好，长相也很不错，但是他没有自信，经常觉得自己没有别人好，比如，衣服没有别人的好看，饭菜不如别人的可口，坐姿没有人家优雅。

他见到不同的人就学不同的东西，尽管他一直在接触新东西，但是却没有哪一样做好了，因为他不知道自己到底应该是什么样的。家里的人都对他的做法很不看好，可是他却不以为然。亲戚朋友们也都一直劝他，可是他却坚持一意孤行。时间久了，他对于自己走路的方式也开始感到怀疑，他认为自己的姿势太难看。

某天，他在路上听到别人聊天，听到他们说邯郸人的步态十分优美。他听后，赶忙上去想问一问。但是没有想到的是，那几个都不想理他，大笑着走开了。邯郸人的步态是什么样的呢？这件事情一直困扰着他。终于，他忍不住了，一天，他偷偷离开了家，到邯郸去了。刚到那里，他对一切都觉得很新奇，觉得很好看。他觉得小孩的步子很活泼、很美；老人的步态十分沉稳；妇女们走路的样子也很美。于是，他看到什么学什么，就这样，半个月以后，他不仅没有了钱，就连最初的走路方法也忘了。最后，他只好爬回去。

"邯郸学步"的故事就是这样的，它告诫我们千万不要成为那种处处模仿别人，没有自我的人，这样不仅得不到别人的优点，反而丢掉了自己的优点。生活中，有很大一部分人总是希望能成为别人，把自己当作另一个人生活着，模仿别人的生活。事实上，每个人都有自己独特的地方，完全没有必要模仿别人，若真是这样的话，只会导致失去自己。我们不要总是自以为聪明，若是人人都能明白这样的道理，就不会有人做违法的事情，也不会有什么大恶发生。

南怀瑾先生说过，如果把我们的生命理想简化一下，就可以"见素抱朴，少私寡欲"①。"见"在这里指的是观点、见解；"素"指的是素净、整洁；"朴"指的是没有经过任何加工却质地优良。见素抱朴体现了圣人所有的良好品质和高尚的情操，这些不会有后人的雕琢在里面。《论语》中也写道："素"就像是一张素净的白纸，不会有任何颜色沾染在上面，人应该使自己的思想时刻保持着纯洁，善恶不思。要拥有宽广的胸襟，保持原有的质朴，去待人接物。如果有人能修行到这个地步，就会很幸福了；若是每个人都能做到这样，那整个社会就会很和谐。

人们身上都会有最优秀的东西，不过，"大浪淘沙沙去尽，沙尽之时见真金"②，许多人一开始并不能认识到自己的可贵之处。一块好玉也得经过雕琢之后才能够成为好的器物，但是有时候人不应该成为这样的"原木"，而要保持人性的单纯、朴实，只有

---

① 出自老子的《道德经》。
② 出自现代诗歌《七绝·大浪淘沙始见金》。

这种自然的本质才是最美好的东西。若一个人能发挥自己的本性，并始终保持本性，则一定能好好活出自己。

泰然自处，真心生活任天然

《中庸》曰："自诚明，谓之性。自明诚，谓之教。诚则明矣，明则诚矣。"意思就是告诉我们先具备道德，然后才有对它的理解，谓之"尽心知性"；而所谓的"存心养性"，就是在对道德的理解的基础上去感悟道德。王阳明在《传习录》中评价这个观点时说："率性是'诚者'事。所谓'自诚明，谓之性'也。修道是'诚之者'事。所谓'自明诚，谓之教'也。""明"是诚的本身，"明"的特点是率性而为，有利于修道，同时从自己的天性出发去做事，可以被称作是修养圣道。若是"明"能够最大限度地不被任何外物干扰，那么就能够产生更强大的力量。

阮籍是阮瑀的儿子，字嗣宗，是建安七子的一员。因为他之前做过步兵校尉，所以也有人叫他阮步兵。他对老庄之学崇拜到了一定的境界，在政治方面提倡谨慎避祸。他常常与嵇康、刘伶等七人在竹林里畅饮，被人称为竹林七贤。阮籍这个人不怎么把律法和礼节看在眼里，他的邻居家有一个卖酒少妇，十分貌美。阮籍有一次去喝酒，不小心喝醉了，便在她旁边睡着了。但是，她的丈夫对此事并没有表现出不满。有一个军人有个才貌双全的女人，但是这个女子却很短命。阮籍虽然与这家人没有什么来往，却硬是跑到她家里哭闹，一直到他自己眼泪流得差不多了才走。他内心敦厚，外表坦荡，在当时的那个年代，"醉酒"成了他的护身符，比如，司马昭想招他为女婿的时候，他拒绝的方式就是大醉六十日。

阮籍虽然嗜酒，但是也弹得一手好琴，他往往是尽兴地喝酒弹琴，弹尽兴了，然后就马上躺下睡着。用"我醉欲眠卿且去，明朝有意抱琴来"[1]来描述一点也不为过。如此痴狂的地步，少有人及。

魏晋文人都是在酒香里浸出来的，酒气里往往夹杂着狂妄。"壁立千仞，无欲则刚"[2]，这个时期的文人都很刚烈，因为无欲无求，他们不受束缚，因为狂妄，他们对礼法视而不见，"越名教而任自然"[3]。他们的生活一直都是超然洒脱的，因此，后人对他们的所作所为并没有什么特别大的反感。

从天地的角度看，世间的万物没有什么绝对的对错，而且它也并不参与世间的一切事务。天地生万物是自然的。

天地平等地生出万物实属无心，但是万物也无法自己将自己

---

① 出自唐代李白的《山中与幽人对酌》。

② 出自清代林则徐所创作的一副对联："海纳百川，有容乃大；壁立千仞，无欲则刚。"

③ 是魏晋时期嵇康、阮籍提出的哲学美学命题。

归还给万物。因而老子曰："天地不仁，以万物为刍狗。"天地并没有特意对万物做具体的要求，而是任其自由地生、长、灭。天地自己，所有的都是平等的，世界上的所有存在都只是暂时的，最终仍旧是要归于尘土。

人生有时候能够用一杯水来比喻，杯子华丽的程度代表着个人的经济状况，虽然杯子不一样，但是杯子里的水都很清澈，没有色彩和味道，这是一样的。但是在饮水的时候，人人都有权利往水里添加东西，具体添什么，取决于个人的喜好和需要。然而，如果充满欲望，人们会在杯子里加很多东西，但是应该注意量，一是因为杯子所能盛的东西有限，二是无论你加的东西是什么，你都必须喝掉它。若是杯中水是甘甜的，那么，你最好细细品味，因为水只有一杯，喝完了就没有了。

简单的生命，枯荣非常明显。自然的力量很强大，而人的愿望和想法却相当微小，不管你的情绪如何，苍天都不会管你，既不悲，也不喜。有的人想，圣人一定像苍天一样能够平等对待所有的事物，且无悲无喜。但是，圣人其实也会有私利、私欲。不过，苍天没有"利心"，天地万物之间的东西都来自于它，因而它没有什么可以计较的。人们总是认为上天应该有好生之德，因而不如意时总是咒骂上天。若是天地有思想，则一定会嘲笑我们的傻言傻语。所以，我们对于王阳明的话应该时刻谨记，做到率性、不抱怨、不贪念名利，活着和做事、做人都要踏踏实实，对于大自然的赐予应该欢喜高兴，并以真心回报。

至诚胜于至巧

著名翻译家傅雷曾说："人的真诚是打动人的最重要的因素，有的时候，就算对方暂时没有明白，但他以后一定能够感受到。我的做事风格，除了坦白，还是坦白，拐弯抹角总是不好。你如果想要各种手段的话，还不如坦白一些、诚恳一些、恭敬一些，这样，人家也许不会太为难你。"所谓"精诚所至，金石为开"，如果我们不具备诚意，就成不了什么事情。王阳明也觉得，只有至诚才能立大本。他认为：诚意是很重要的东西。完成一件事情，先后顺序是必须定好的，在说格物致知和诚意的关系时，王阳明说："只有抱着很大的诚意去进行格物致知，一个人的努力才能够得到结果，能不能做善事、除恶事全取决于有无诚意。"由此来看，只有先有了诚意，才能去研究事物，否则就会一直在事情上迷糊。所以，无论是干什么，务必遵循"诚"字。诚就是内心的坦白。

有这样一些人总会出现在生活中：表面上待人热情、善良，但是背地里却十分阴险、自私。这样的人明明没有气度，却偏要伪装自己。《论语·公冶长》记载着孔子的话，很多人表面看起来非常和顺，也爱讨好他人，这样的人往往是笑面虎。直白地说，就是两面三刀。这样的人对人家有怨恨的时候绝不会显露出来，而会在背地里耍手段报复，这种人实际上是用心险恶的人。

在生活中，一般的人都不会故意掩饰自己的情绪，因为他们觉得整天算计的生活实在是太累了。贞观初年，有臣子上书皇帝，请求皇帝把那些奸臣给清除掉。太宗问他："我手下的贤臣数不胜数，你怎么知道谁是奸臣？"

那个人说："我住在市井之中，对于这件事情确实不知道。但是有一个方法可以用，您可以假装龙颜大怒，然后看众臣的反应，如果能够在陛下大发雷霆的时候依旧站出来说话的，那他就是贤臣；如果在这个时候总是顺从您、附和您的人，则必定是个奸臣。"

从表面上看，这个人貌似提供了一个聪明的办法，不过太宗却回复他道："水流是否清澈，取决于水源。一国之君就好比是水源，臣子百姓就像是那些水。一国之君自己有欺骗他人的行为却要求臣子们正直，就好比浑浊的水源奢望流水会透亮一样，这种要求本来就是不合常理的。我一直以来就很看不起魏武帝曹操的行径，要是我采用了你的办法，那我以后怎么能够让百姓服我？"接着，他又说道："我确实很想宣扬正义，但是却不想用你提供的办法。"

无论对谁，都需要在对待对方的时候真心诚意，这样才会让人觉得值得信赖。万万不能用违反信义的方式去试探他人，因为这样做的时候很可能会被对方识破，若反过来被人将计就计，则只会让自己的处境更加不堪。另一方面，如果你自己本来就没有诚意，那你怎么能要求别人有诚意呢。

　　能不能把事情办成功，诚意是其中的决定因素。真诚是人的根本，如果你的真诚传递给了每一个人，那么大家无论如何都会相信你，因为人们都知道你是一个诚心坦白的人，明白你不会说假话，因而更加信任你。这样一来，你的人缘自然会很好。真诚地去对待万事万物，能够使大家之间的交流更顺畅，能够团结所有的力量成就大事业。

持纯粹心，做至诚人

持纯粹心，
做至诚人

> **清水芙蓉，纯然初心**
> "诚是心之本体，求复其本体，便是思诚的工夫。"

> **保持本色，出以真情**
> "无事时固是独知，有事时亦是独知。"

> **真心着眼，敦本尚实**
> "你未看此花时，此花与汝同归于寂；你来看此花时，则此花颜色一时明白起来。便知此花不在汝心外。"

> **泰然自处，真心生活任天然**
> "率性是'诚者'事。所谓'自诚明，谓之性'也。修道是'诚之者'事。所谓'自明诚，谓之教'也。"

> **至诚胜于至巧**
> "若以诚意为主，去用格物致知的工夫，即工夫始有下落，即为善去恶无非是诚意的事。"

（注：以上引文皆出自《传习录》。）

第二章
此心不动，胜负已定

"心之本体，原自不动。心之本体即是性，性即是理。性元不动，理元不动。集义是复其心之本体。"

——《传习录》

欲修身，先养心

身处浮华世界，对物质的享受、社会地位和美誉等的追求总是把人弄得身心疲惫。他们抱怨天或是其他人，是因为把自己的内心弃之不顾，不能明白任何事情都要以修心为首的道理。在王阳明看来，天理即是人的内心，人心可以容纳万事万物和一切道理。王阳明从人的心中找寻真理的观点有一定的道理，尽管"心外无物"的观点与唯物主义的思想不一致。

古人云："相由心生。"其含义是说人的外在表征和人的心思相关。如此类推，人的言行等外在特征大部分是人内心的外在反映。根据王阳明所说，则要从人的内心世界开始才能让人的言行符合规范，达到一定的境界。当其外在的言行举止有善的表现，那么，其内心就是至善。

根据历史资料得知，在广州北郊 30 里的石门镇有个泉名叫贪泉。传说只要喝了此水就会贪得无厌，此泉因此而得名。

西晋时，几任到广州上任的官员都因在经济上违反了法律而被革职查办，有一种说法说他们出问题的原因是喝了这里的水。

后来，一位为官清廉的名吏吴隐之被朝廷派去任广州刺史，上任当天，他想和随从去贪泉取水来喝，他的随从劝说道："以前去广州的官员到这都要喝上一口水，显示自己的气节，可是饮过泉水后都变得十分贪财，这里的水不能喝啊。"吴隐之便问随从："没有喝泉水的那些官员是清廉的吗？"随从回答道："不是。"吴隐之连续喝了三瓢泉水后深情地说："贪财与否是在于个人的品质，今天，我饮了此水，贪赃枉法的事会不会在我身上发生，乡亲们就擦亮眼睛看着吧。"他还赋了一首诗《酌贪泉》："古人云此水，一歃怀千金。试使夷齐饮，终当不易心。"不出所料，在执政期间，他两袖清风、执政清廉，饮贪泉水并没有让他贪污，他还因此留了一段饮"贪泉"而不贪的佳话。

贪与不贪与贪泉没有关系，没喝此水的人，想贪的还是会贪。之所以有这样的传说，是那些人把贪泉当成了为自己辩解的理由。王勃在《滕王阁序》中说："酌贪泉而觉爽，处涸辙以犹欢。"一个人是否贪，只与内心修养有关。

做人若能心胸坦荡，面对遇到的各种突发情况，就能从容不迫、睥睨天下。从儒家的观点看来，君子的标准之一就在这里。王阳明花费了一生的心血总结出："心"左右一切。是做好事还是做坏事都取决于心。我们的行为会被内心的想法所影响，平静而安详的一颗心能给人带去欢愉，而一颗躁动而沉重的心则会让人在黑暗中迷失。要想透彻地明白世间的理，做事为人更加真切，就要以修心为先。然而，对身在繁华世界的我们来说，即使知道这就是道理，要做好也还是不容易，甚至得用一辈子去参悟。

其实，只要我们能够每时每刻地更新和自省，修心并不难。只要不断清除心底的污垢，就能摆脱俗事的困扰。

看破繁华，不动于气

孔子的人生哲学主要倾向于一个方面，即追求心神安定。

如果能够做到心如止水，那么外界的一切就如浮云。《论语·八佾》中，对儒家的"礼"有这样的解释——"礼，与其奢也，宁俭；丧，与其易也，宁戚。"不难看出，孔子认为礼节不用过于复杂，从简即好，就像丧礼那样，与其大张旗鼓地哀悼，不如真正地在心里为逝去的人祈福，因为内心有"礼"比什么都重要，胜过一切虚荣假象。

追求心神安定，就要有一颗平静的心，有主见，不因外物而左右自己的思想和看法，不过分追求物质的东西。这一点对很多人来说很难做到，毕竟外界对人心安定的影响很大。

恶人会因心不善而做坏事，普通人也会让自己陷入愧疚痛苦的心理状态。如果人对外事外物念念不忘，并且"因物喜因物悲"，那么这颗心就会面目全非。

弟子薛侃曾请教王阳明："为何世界上很难培养出善良，而恶却难以消除呢？"王阳明告诉他，这是因为他们心中的恶念引发了对恶的憎恶，所以才会做出这样的事情。他用"花草"的例子来向学生讲述：人们在赏花的时候总会认为是草影响了花的美观，认为是草削减了花的美丽。但是，当杂草对人们有用处的时候，人们又会反过头来认为草也是好的。事实上，有这样的评价都是因为人有善恶之心，所以这样是不对的。王阳明还说过，不要有善恶之心。在这里，他所提及的无善无恶不同于佛家所讲的无善无恶。佛家的无善无恶之所以不能用来治天下，是因为它只关注无善无恶。然而，圣人口中的善恶则要求人们不要因为一己私欲而有善恶之心，本心不要随感情的发出而动。

有一天，有两个生人来到了深山中。其中的长者看着山间路边的石头："它是世界上最高的山吗？""也许是这样的。"石头慵懒地说道。

长者没再回话，开始往山上爬。另外一个年轻人问石头："你想要我给你带什么回来？"石头刚开始一愣，随即答道："在你到达山顶的那一刻，把你不想拥有的抛给我就可以了。"年轻人有一点摸不着头脑，只好跟着长者一起爬。

时间飞逝，很久以后，年轻人一个人从山上走了下来。石头急忙问："你们有没有爬到山的顶点？"

"嗯，爬到了。"

"那，那位长者呢？"

"他再也不会回来了。"

石头很惊讶，问："怎么回事？"

　　"你知道吗，对于每一个登山者来说，登上世界上的最高峰是一生中最大的梦想，但是，他们在达到自己的这一理想的同时也会失去人生奋斗的目标，这就犹如一匹断了腿的好马，是死是活已经没有意义了。"

　　"那他……"

　　"他跳下山崖了。"

　　"那你怎么没有和他一起跳下去呢？"石头问道。"我也想和他一起跳下去的，但我突然想起答应过你的话，你要我把爬上山顶后最不想要的东西给你。当我爬上以后，我最不想要的就是我的生命了。""那你就和我一起待着吧！"

　　于是，年轻人便在山旁住了下来。在这里，虽然过着自由自在的生活，但是却非常枯燥。年轻人喜欢静静地看着山，拿着笔在纸上乱画。慢慢地，那些东西逐渐清晰起来，有了明朗的轮廓，最后，他在绘画上有了显著的成就，绘画界公认他很有潜力。

　　后来，这个年轻人又开始尝试用文字来描述生活，渐渐地，他又因他的文字里面有大自然的味道而闻名于世。

　　时光飞逝，当年的年轻人转眼也变成了老人，当他对着石头回忆往事的时候，他觉得绘画和写文章其实是一样的。最后，他终于觉悟了。其实，人的旁边没有更高的山，更高的山在人的心里，只有这样，人才能够超越自我。这位老者有很高的境界。只有做到心中无我，并坚信更高的山其实在自己心中，人们才可以征服高山。世界上最可怕的事情不是犯错，而是邪念在心中萌芽。如果内心不坚定、意志偏激，就很容易做错事，从而导致一错再错，到最后，只有在反思的时候，才会发觉什么都没有。

有人说："心是我们最敏感的器官。我们感知大自然的鸟语花香、云卷云舒，我们体会人世的生老病死、喜怒哀乐，我们看人世的潮起潮落、时光轮回，等等，我们的心都会有不同的触动。"其实，时间的一切变化不过都是源于心理活动罢了。王阳明认为，静态时，人的内心是无善无恶的；气动时，内心会有善有恶。在动念的过程中，如果失去了自我，就会不明去向，更可能不知自己是否正确。所以，只有拥有安宁、祥和的心境，才能够看破世事，虽处闹市而不为之心动。

顺境逆境都能从容

偶然与不测常常充满了我们的生活，很多人都会受到它们的影响，所以生活就容易变得不平静。面对偶然与不测的时候，我们一定要沉着冷静，要安稳内心。不管是顺利，还是坎坷，我们都要保持一颗冷静的心。

静心就是净心。一般人往往想用理性控制的办法达到目的，但是却没有效果。警告自己"不能动心，不能动心"，其实已经动心了。当人们把"心不能随境转"提示给自己时，却不知心已经转了。王阳明知道，宁静是不能够有意寻找的，那样得不到好结果，因为特意去控制和把握心境并不能达到目的。若对自己的心知道得清清楚楚，心自然就会平静。心平静，人就能使自己得到净化。

有一次，仰山禅师请示洪恩禅师："我们怎么总是不能认识自己？"洪恩禅师说："举个例子吧，比如一个屋子有六扇窗子，而且还有一只猩猩一直在跳，有六只猕猴在追逐猩猩。猩猩一叫，六个窗户都答应。六只猕猴，六只猩猩，连自己是哪一个都不容易分辨出来。"

仰山禅师思索片刻，理解了吾人内在的六识（眼、耳、鼻、舌、身、意）和追逐外境的六尘（色、声、香、味、触、法）就是他所说的猴子和猩猩，鼓噪繁动，一直纠缠在一起，就像运行不止的金星一样，自己该怎么样才能快速地认识到呢？所以，他起来道谢："您的一番话蕴含大智慧，如果猴子睡觉，猩猩希望见面，情况又会是怎么样的呢？"

洪恩禅师从绳床上下来，拉着他的手说道："这就像在田地之中，竖一个稻草假人希望抵挡鸟雀偷食，有句话说'犹如木人看花鸟，何妨万物假围绕'？"仰山这才完全明白认清自己为什么是最难的。我们难以看清自己的真心，真心就像镜子布满灰尘，不能照出清晰的物体原貌。显现不出来真心，人心就会动荡，时刻期盼外界的变化，心猿意马，不能安静。

内心安静才能认清楚自己，不管是遇到顺境还是逆境，都不为所动，忽视外界影响。但是现代人做不到这一点，大多数人境遇顺利则扬扬得意、高兴不已，境遇坎坷便感到极其痛苦。其实，外境无法对我们造成很大影响，如果我们明白这一点，自然不会受诱惑于六尘，也不会受蒙蔽于六识。

其实，顺利和坎坷一个是手背，一个是手心，对我们来说都是一样的。顺境扬扬得意，逆境难过失意，都是心的动摇，都是不对的。心一旦动摇就会被困住，无法解脱。崇拜偶像、迷信权威并不能得到真正的解脱，而是要心中自由，心中不动摇。这样，不管什么事情都能接受，逝去的东西就不会再强留了。

我们的心无法因美丽的外界风景得到休息，只能浪费精力。王阳明说要澄清自己浑浊、动荡的心。欢喜不用刻意，悲伤也不用刻意。这和看荷花类似，荷花生长于污泥中，看的人心情不同，但是满池荷花不为所动，荷花只是荷花。如果人和荷花一样只注意自己，表现真实的自我心就会平静，无论什么境遇都不能影响你的生活。心安静就会充实，不需要考虑功名利禄，那么有一天，你必能将兴致和成功一并归入囊中。

当你很忙碌的时候，可以用很多小空闲净化自己的心灵，哪怕只能得到片刻的安宁，一旦得到积累，那么自然就会有好心情了，身心也会更和谐。

同流世俗不合污，周旋尘境不流俗

"此心光明，亦复何言。"这是王阳明在临死的时候说的。他的一生，年少的时候便有鸿鹄大志，十分喜爱读诗书。刚开始踏入仕途的时候就被人陷害，被贬谪后，他饱受折磨，身心都大受打击，却也在这个时候参悟了人生的道理，让他一生受用。从这以后，他一直得志，名声大噪，桃李满布天下。王阳明的一生是既具波折又有荣誉的一生，他认为自己这一生对百姓无愧，对国家无愧，没有什么遗憾了。王阳明面对死亡时之所以如此从容不迫，原因在于他并没有与世俗同流合污，一直都在默默地付出，为百姓和国家的利益奋斗了终生。

《菜根谭·概论》中说："处治世宜方，处乱世宜圆，处叔季之世当方圆并用。待善人宜宽，待恶人宜严，待庸众之人当宽严互存。"当社会太平的时候，在对待别人、接纳事物的时候应严正刚直；当社会大乱的时候，在对待别人、接纳事物的时候应懂得随机应变；处在国家即将灭亡的时候，在对待别人、接纳事物的时候要方圆并济。用宽厚的态度对待善良的人，用严厉的态度对待邪恶的人，用宽厚、严厉并济的态度对待平民百姓。

如果"万花丛中过，片叶不沾身"的操守在污浊的环境中也不会发生改变，那么就不需急于将自己与这个世界的关系撇清。其实，古人早对方圆有所论述。自然、道、天圆地方是老子的理想道德，中庸、适度、不偏不倚是孔子的理想道德。放在人际交往上，这种观念能使社会更加平衡、和谐，前提是不管外界多"圆"，都要将内心的"方"守住，将自己的道德底线守住。

孙叔敖原来是位隐士，有人向楚庄王推荐了他，三个月后，他做了令尹（宰相）。他教化并引导人民，因此楚国一直都很和睦、安宁。有位孤丘老人特别关心孙叔敖，特意登门拜访，问他："你知道高贵的人往往有三怨吗？"孙叔敖问："您说的三怨是什么意思呢？"孤丘老人说："拥有高爵位的人会招来别人的嫉妒；拥有高官职的人会招致君王的讨厌；拥有优厚俸禄的人会招来别人的怨恨。"孙叔敖笑着说："爵位越高，我就越谦卑；官职越大，我就越寡欲；俸禄越高，我就越对人广加施舍。若想要避免三怨，我这样做，可以吗？"孤丘老人满意地走了。

孙叔敖按照自己说的做了，确实让麻烦少了很多，但并非一帆风顺，他曾几次被免职，又几次被复职。有个叫肩吾的隐士很不理解孙叔敖，便登门拜访他，问他："你三次担任令尹也没有感到荣耀的喜悦，你三次离开令尹之位也并没有担忧。我十分地疑惑，现在却见你如此平和，你到底是怎么想的呢？"孙叔敖回答说："我并没有什么过人之处，我不可以推却到来的官职爵禄，也不可以阻挡它的离开。我不能决定自己的得与失，正是因为这样，我才没有觉得荣耀或忧愁。况且，对于官职爵禄是属于别人的还是我的我也不知道。倘若是属于别人的，说明我本就没有，跟我没有任何关系；若是属于我的，说明别人不应该有，跟别人没有任何关系。我顺其自然地去追求，人间的贵贱我哪里能顾得上呢？"肩吾十分钦佩孙叔敖说的话。

被免职和复职的风波并没有搅乱孙叔敖的心绪，他始终保持心境淡然之态。处在这个社会，拥有一颗方正的心对于我们而言至关重要。如果只有圆没有方，只会太过柔弱，太过于柔弱的人缺乏筋骨，缺乏魄力，少大志，难以有大的作为；倘若只有方没有圆，性子就会太刚强，往往禁不住打击和失败。现实生活中，愤世嫉俗、喜欢抱怨这抱怨那、一遇到挫折就不懂得如何变通的人常常容易自暴自弃，将自己往极端的方向推。因此，处世之道应该是方与圆的有效结合，只要把内心的高贵与正直保持好了，就不需要太在意外在的束缚了。

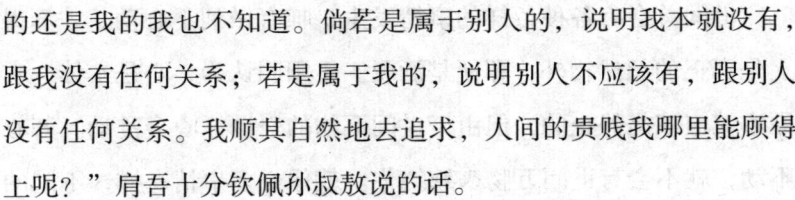

不动心，不烦恼

王阳明在平定了叛乱之后曾经发出这样的感慨："破山中贼易，破心中贼难。"这句中所指的心中之贼通俗来讲是私欲，私欲便是万恶的根源。他认为，一个人拥有什么样的人生是由他的心态所决定的。

世间总会有各种各样的事情发生，唯有做到不心动，才算得上是真正的超然物外，那便是洒脱。王阳明认为，心是本体，它原本就应该是静止的，但由于世间万物的引诱，心会乱动。若心不动，就不会有世间万物来缠绕你。就像好多事情一样，不同的人有不同的处理方法。有人因为事情太多太杂，总是忙得焦头烂额，但是有人却能够淡然处之。

在现实生活里，智者总是懂得在繁忙的工作中保持一颗淡泊的心，让头脑、心灵和身体处于一种平衡状态。如果你能够随时都保有一颗清净和无所求的心，那么你一定是快乐的。

苏轼是宋代名士，他有着渊博的知识，他的文学思想也涵盖了儒佛道对于生命的诠释，即便这样，苏轼有时也无法体会到心定的感觉。那时，苏轼贬职去了瓜洲，与许多和尚有着尚好的交情，总是在一起讨论各种人生道理，与他们成为了很好的朋友。

有一日，苏轼一时兴起作了一首诗："稽首天中天，毫光照大千。八风吹不动，端坐紫金莲。"作完了以后，他开始自己吟唱，领悟其中深刻的含义，非凡脱俗。苏轼认为佛家的那些朋友一定会大为赞赏自己的诗，便想把这个诗歌交给佛印，但是由于繁忙的公务，他只好派他人把诗送给了佛印。

书童见到佛印说明了苏轼的用意后，便将诗交给了他，佛印看过之后只是微微地笑了一笑，便在稿子背后写了几笔，让书童给带了回去。

苏轼高兴地打开了信封，先惊后气，脸色由白变红。原来，

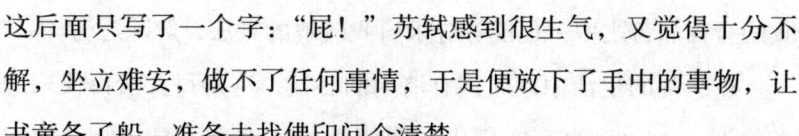

这后面只写了一个字："屁！"苏轼感到很生气，又觉得十分不解，坐立难安，做不了任何事情，于是便放下了手中的事物，让书童备了船，准备去找佛印问个清楚。

谁知道苏轼的船还没有靠岸，就看见佛印已经早早地等在岸边了。苏轼问佛印说："和尚，我们玩得这么好，你为什么要这么羞辱我呢？"

佛印笑哈哈地说："这话怎么说呢？我怎么就侮辱你了？"

苏轼把书稿拿了出来后，指着"屁"一字，质问佛印出此话语的原因。

佛印拿了过来，微微笑道，问苏轼道："您不是自居'八风吹不动'么？怎么因为这一个字就坐船过来了呢？"

苏轼瞬间领悟了佛印的意思，感到十分羞愧，不知道该怎么回答。圣人也有心错动的时刻啊。人生在世操劳一生，如何做到心安身也安，这的确不是一件易事。我们一定要对生活永远保持积极的态度，怀揣清净之心，不惹是非。若做到这些，你便能够心安理得地生活在世上了。

"世上本无事，庸人自扰之。"① 这句话想必大家都知道。王阳明所说的便是人都具有心力，只是他们自己不知罢了，整天都十分烦恼的人其实并没有遭受多大的不幸，而是他们在对自己的生活上面存在着偏差，把生活想象得太过于完美。聪明的人即使

① 出自《新唐书·陆象先传》。

真的身在痛苦之中，也能够寻求自我疏解的方法，解除乏劳。

在纷乱的生活中同时拥有清闲的心境，这是每人活得快乐的必修课。心中只要存在青山，即便再忙，也永远是"气定神闲地忙"。

心平气和，不骄不躁

现在社会中，很多人都处于一种忙碌的生活状态。更糟糕的是，内心的焦躁与身体的疲劳相伴而来。所谓"身之主宰便是心"，如果一个人的生活忙得不能留一份空闲给内心，而使心疲惫不堪，那么在为人处世上就很难做到挥洒自如。

《传习录》曾这么记载：

崇一问："寻常意思多忙，有事固忙，无事亦忙，何也？"

先生曰："天地气机，元无一息之停。然有个主宰，故不先不后，不急不缓，虽千变万化而主宰常定，人得此而生。若主宰定时，与天运一般不息，虽酬酢万变，常是从容自在，所谓'天君泰然，百体从令'。若无主宰，便只是这气奔放，如何不忙？"

欧阳崇曾说过："意念思想一般都很忙乱，忙的时候确实很忙，可是为什么闲暇的时候也会很忙呢？"

王阳明回答说："世事本来就是变化的。但是，如果万事万物都有一个主宰，一切就都会变得有序可循，有法可依。尽管变幻莫测，但是主宰是永恒不变的，人就是因为这样才能生存在这个变幻莫测的世界上。只要主宰没有改变，生命就会如天地一样不会停止，就算日夜操劳，也能镇定自如，这就是我们平常所说的'天君泰然，百体从令'。如果不存在主宰，便只会空忙、虚忙，想不忙怎么可能呢？"

这也就是说，要做到"虽酬酢万变，常是从容自在"，便要有主见，胸怀一颗稳重之心。也就是说，我们在日常生活中要学会寻找快乐，学会以一颗平常心去面对每一件事情。

其实，我们身边有很多人为了更多浮夸的东西而没有目的地工作，想用这样的方式充实自己的生活。然而，工作中的压力越来越大，逐渐使人感到烦躁不安，慢慢地，人就陷入了一种恐慌、无助的境地。这时，要想转变观念，只有把自己的内心变得平静，试着去享受自己的工作，而不是光为了赚钱谋地位。这样，才不会坠入人生的地狱。

就像道家的言论一样，把自己的心放到天地间去，用自我的微小和天地的强大相比较。与处在繁复的社会中相比，将自己融入大自然中心情会更加美好。大自然能够洗涤人的心灵，培育人的情操，走近大自然，享受"智者乐水，仁者乐山"[①]的乐趣。当我们沐浴于自然之中时，便会明白我们之所以被一些事情所困

---

① 出自《论语·雍也》。

扰，都是因为我们没有把自己融入大自然当中。

当我们真正融入大自然时，就会感受到大自然博大的胸襟，大自然的安宁与和谐使我们的内心变得更加自在与包容。虽然生活的忙碌让我们喘不过气来，但是我们完全可以让自己的生活变得乐趣无穷。这主要取决于你是否能够放慢前进的脚步，减轻内心的压抑。就像爬山一样，如果你爬的时候只想着快点爬就容易累；但是如果你可以心平气和，静静地观赏周围的风景，那就是一种非凡的体验，是一种美好而又难忘的生活体验。

人心可以是一片宽广的天空，能容纳世间的一切事物；也可以是一汪平静的湖水，偶尔会有层层涟漪；也可能是广袤无垠的雪原，反衬出一个富饶多彩的美丽世界。尽管世间的一切纷繁复杂，但有智慧的人总会在心里给生活留一份空间，让自己在这个空间里休憩，养精蓄锐，为下次的前行做准备。

此心不动，胜负已定

欲修身，先养心

$\updownarrow$

"心即理也，天下又有心外之事、心外之理乎？"

看破繁华，不动于气

"圣人无善无恶，只是'无有作好'，'无有作恶'，不动于气。"

顺境逆境都能从容

"是有意于求宁静，是以愈不宁静耳。"

同流世俗不合污，周旋尘境不流俗

"此心光明，亦复何言。"

不动心，不烦恼

$\updownarrow$

"心之本体，原自不动。心之本体即是性，性即是理。性元不动，理元不动。集义是复其心之本体。"

（注：以上引文皆出自《传习录》。）

第三章
小赢靠智，大赢靠德

"种树者必培其根，种德者必养其心。欲树之长，必于始生时删其繁枝。欲德之盛，必于始学时去夫外好。"

——《传习录》

土地不如德行，财物不如仁义

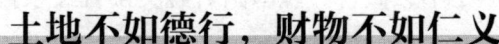

　　儒家始终贯彻的思想道德就是修身、齐家、治国、平天下。修身被儒家思想放在了首要的位置，"欲修其身者，先正其心"[①]。

　　由此可知，人品修养对于我们中国人来说是极为重要的。特别是对想要做出成就的年轻人来说，不管是在奋斗的时候还是已经成功的时候，好的德行都是必不可少的。

　　心学是王阳明的思想，注重的是修养自己的道德，把它和天理相统一。王阳明认为，人内心的是非准则——"良知"有知道好和抛弃不好的能力，人们可以依靠"良知"将是非对错分辨清楚。

　　换句话说，一个人的言语、行为以及为人处世的原则会受到他内心道德修养的影响。从小处来说就是对利益和仁义的取舍方面产生影响，从大处来说就是对今后的人生能否取得成功的影响。

　　战国时期，晋国有个叫段干木的人，在赵、魏、韩三家分晋后居于魏。在他童年的时候，他家十分贫穷，社会地位卑微，很

----

① 　出自《礼记·大学》。

难翻身。他在西河游学，他的老师、孔子的弟子子夏是个非常有学识的人。段干木的家在魏国的城邑段木，因此人们叫他段干木。段干木很有能力，但是不想做官。魏国国君魏文侯曾经亲自邀请他为国效力，他却并不稀罕，翻墙逃跑了。

之后，魏文侯对他更加敬重。每次路过他家的时候，魏文君都要下车用手抚横木走过，用来表示自己很尊重段干木。一些人很不理解，问魏文侯："段干木不过是个平民百姓，在他的草房面前您竟然要走路过去，这是为什么？"魏文侯回答说："他是一位贤德的人，他的节操不管在任何时候都存在，他有君子之道。虽然他隐居，可是名声却传播得很远，我怎么能够在经过他家的时候没有一点敬意呢？他因为好的德行获得荣誉，我因为武力取得荣誉；他的财富是仁义，我有的是物质上的财物。土地再多也没有德行好，再多的财物也比不上仁义。这样的人才是我一直以来应该尊重的人啊！"

之后，魏文侯终于见到了段干木，非常迫切地想让他当国相，但是段干木婉言谢绝了。魏文侯和段干木交谈，两个人成了非常好的朋友。

没多久，秦国想攻打魏国，司马唐雎对秦国国君说："段干木是一位贤德的人，魏国的国君对他以礼相待，天下的人都知道。这样的国家用军队恐怕是征服不了的吧！"秦国的君主认为很有道理，就没有出兵。

在先秦的歌谣中有这样一首："吾君好正，段干木之敬。吾君好忠，段干木之隆。"段干木一生都没有做官，然而他又不是真的与世隔绝，而是生活在社会底层，过着市井而又贫穷的日子。他"厌世乱而甘恬退"，不想与其他人一起共事，使倾覆之谋，"浊乱天下"。恰恰相反，人们经常唾弃那些贪财忘利的人。历史上也有很多德行不好的人通过不正当的手段谋取到了很高职位。在面对金钱和权力的时候，人们都会迟疑，好的道德品行还会有什么用呢？然而，历史告诉我们，如果道德品质败坏，一个人就算权力再大，也终究会有落魄惨淡的一天。

赵高是秦朝的宰相，做官的时候常用暴力解决问题，把性命当儿戏，可是却得到了很高的官职，一人之下，万人之上；董卓是三国时期的人物，性情暴躁，很奸诈，但是却权倾朝野；唐朝时期的李林甫为人阴险狡诈，常用小人的方法，被世人称作"口有蜜，腹有剑"，贪赃枉法，做到了宰相的位置；秦桧陷害忠良，卖国求荣，但是却当了19年的宰相。可是，赵高后来被子婴所杀；王允等人把董卓杀掉了；"安史之乱"也是因为李林甫而爆发的，使他被后人唾弃；秦桧死后，人们把他筑成了"跪像"，让他永远不能翻身。别人当然很羡慕他们做高官，可是这些人的下场也让后世的人知道了道德败坏的人是要付出代价的。

在努力想要取得成功的时候，想要有一定的社会地位固然重要，但是，地位可以分为两层含义：一个是外在的、身处社会上的地位，一个是在其他人的心目中的看法和地位。"赢得生前身后名"是有远见的人所看重的，目光短浅的人看到的只是眼前的名利。上面所说的没有道德的人都是为了一时的外在的东西，却不知道自己已经背上了骂名。忠君爱国，体恤百姓，鞠躬尽瘁，死而后矣是王阳明的表现，所以他才能够百世流芳；而刘瑾和王阳明虽在同一个时代，但是刘瑾用小伎俩得到了权势，从此被后人谩骂，人们对两人的评价也差之千里。

据此可以知道，想要成功的人，不管最后的地位如何，都要记住要有好的德行。只有保持好的品德，并且用这来衡量自己的行为，才能让自己的人生更有价值，才能在后人的心目中留下美名，在今后的人生中取得成功。

以德为先，德才兼备

成功人士应该具备高尚的品德和出众的才能。儒家圣贤们十分看重人的品德，认为品德才是最重要的。孔子在《论语·述而》中说道："如有周公之才之美，使骄且吝，其余不足观也已。"孔子觉得，就算和周公一样具备出色的才能，只要是骄傲小气，其他的就什么都不用提了。即使一个人除了品德什么都好，他也无法得到圣人的青睐。真正的人才是德才兼备，以德养才。但当二者不能兼得的时候，应该以德为重，就像孟子说的"舍生而取义者也"。

王阳明的教育目标从"致良知"的观点就能体现出来。正如他在《传习录》中所说的，"世之君子，惟务致其良知，则自能公是非，同好恶，视人犹己，视国犹家，而以天地万物为一体，求天下无治，不可得矣。"

"心即理"是心学所推崇的，在此基础上"致良知"是可能的，有必要的。王阳明的观点认为：世上的人只要修养身心，自然就能辨别出来是非好恶，对待他人就像对待自己一样，以爱国为己任，整合天地万物，以此获得天下的大治。

所以，"致良知"不仅是治学之道，更是育人的道理，在经典中蕴含着"道德""良知"的精神品质来提高修养及自身的价值。

夏子胜，唐朝汝州人，十年苦读，终于金榜题名，皇帝授予了他南县县令的官职。一天，夏子胜带人去赴任，到了县衙之后，在门口等候多时的大小县吏看到来了新县令就都迎了上去。

夏县令询问百姓的情况、粮食收成、商业状况、官粮有没有收齐、有没有完成赋税等，师爷受命将县吏的回话记录在册，并照着账簿一件一件地核对。过了几天，师爷告诉夏县令说："和县吏所说的一样，一切都很好。"夏子胜听完后点了点头。

这个新来的县官在南县县吏们的眼里和以前的县官大人不同，除了处理公事的时候，平日里几乎听不到他说话。虽然少言寡语，但他做事却有板有眼，对于公事办得极为妥帖，受到上司和百姓的称赞，是一名好官。

其他官吏都很困惑，为什么老爷总是沉默寡言呢？一次，有个胆子大的人问夏子胜，夏子胜笑了笑说："圣人行道，心正而行端，做官做民何尝不是同样的道理呢？教民养民是为官之道，好的德行是为人之道，把这样的道理弄清楚明白了，做事自然就不会偏颇。既然这样，也就不必说那么多话了。"

这位南县县令的话就是"执事敬"的最好注解，实际上，正像这位县令所说的，若用圣人之道要求自己，还有什么要说的呢？"心灵净化"和"涵养提升"便有先"知"而后有"行"，由此，与人交往不奸猾，人做得堂堂正正，事做得完完整整。与此相比，说再多的话只不过是梦中的幻想，梦醒影灭，毫无意义。

生活中，有两种品质不好的人：一种人不仅品质不好，而且没有能力，产生的危害不足以对人和社会产生重大的影响；还有一种是品质不好但是能力强的人，为了上位，这种人总是另辟蹊径，一旦有了机会，就会对反对他的人造成危害，毁灭程度会一发而不可收拾，最终断送自己的前途。

必须承认，即使头脑没有灵魂，知识没有道德，聪明没有仁善，仍旧有很大的力量，但它们也只能是起坏作用的渣滓。可能会让人们受到启发，也有可能让人们感受到乐趣，但却难逃最终衰败的命运。

反之，就算技不如人，道德品质高的人也可以在学习上虚心，使自己的能力不断得到提高，用自己的努力获取成功。当然，也要注意自我把控，避免走向另一个极端——忽视人的能力，一味地强调道德修养。只会恃才傲物的人，又如何谈得上培养自己的道德品质呢！

通过历史经验我们可以得知，在做人和做事之前以德为先是必要的，正如王阳明对弟子所说的："良知在人心，随你如何，也不能泯灭。"行走人生的前提是德行，创造来源于才能。只有德才兼备，我们的人生才会更加多姿多彩！

凭良心办事

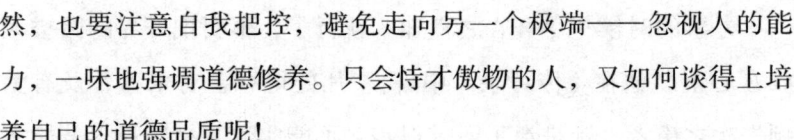

在王阳明看来，"致良知"是人一生唯一要做的事。他在《传习录》中说："事上磨炼，一日之内，不管有事无事，只一意培养本原。"没有事情的时候有良知，就和有事没有什么差别；有事情的时候也葆有良知，就和没有事一样没有多大的区别。但并不是说有良知便什么事都能做好了，而是"乃有处得善与未善"，这又是什么原因呢？

"又或事来得多，须要次第与处，每因才力不足，辄为所困，虽极力扶起，而精神已觉衰弱。"有的时候人只有有限的才力，或者有时候精力不够集中，都是不可能把每件事办好的。

那么该如何是好呢？

办事的时候"尽吾心之良知"就行了，不要把外界的毁誉太放在心上。他在《传习录》中说："凡处得有善有未善，及有困顿失次之患者，皆是牵于毁誉得丧，不能实致其良知耳。若能实致其良知，然后见得平日所谓善者未必是善，所谓未善者却恐正是牵于毁誉得丧，自贼其良知者也。"用外界的毁誉得失来衡量事情办得好与坏，毁誉得失往往会使内心充满烦恼和压力，对守护良心并没有什么益处。如果办事的时候都凭良知，那么平时所说的好与不好也未必是原来那样了。内心知晓才是最关键的，心不能因为别人所说的好坏而动摇，一时的得失也不能使信念动摇。

王阳明的"尽吾心之良知以应之"，说起来简单，但做起来却很难。原因是什么呢？"按良心办事"。倘若遇到的人不讲良心，那么一般都是讲良心的那个人没有好果子吃。例如，讲卫生和不讲卫生的人在一起，最后衣服被弄脏的是谁呢？答案自然容易知道。可是，讲卫生的人是不是该放弃讲卫生的习惯呢？答案当然是否定的。讲卫生的人就算被弄脏了，干净人这个身份却不会发生改变。要是不讲卫生的人常常把别人弄脏，自己依然没有干净起来，则只会遭到别人的厌恶。说到底，谁才是真正吃亏的人呢？

从某种意义上来说，"心灵卫生"才是王阳明所说的"致良知"。身体不卫生处理起来还比较容易，比如皮肤痒，挠一下便可以让自己不痒了。心灵不卫生处理起来却很难，常常会把人折磨得难以入眠，因而要做到"致良知"。王阳明做事时遵循自己的良知，办得漂亮的事情很多，但是不如意的事情也有。虽然得到了很多的收获，但也少不了吃亏上当。不管毁誉得失，仍能致良知，他是怎么做到的呢？

王阳明平定了山贼，立了大功，世人都赞扬他。王阳明却对学生说："我刚刚开始处理事情的时候，一旦有赏罚的地方，一点都不敢草率，怕我做的跟平时和你们讲的不同。事情办完后，我依然难以排遣心里的不安，同你们在一起时，还惦记着赏罚公正与否，看看怎么才能改过。登堂理事的时候，我的心情很自然，和平常无异。"他的话说明他心如明镜，评判自我的标准是靠自己的良知，而不是他人的评价。

王阳明的指挥平定了宁王朱宸濠的叛乱，他唯一的遗憾便是杀了太多的人。"斩擒贼党三千余级，溺水死者约三万"[1]，听闻胜利的消息时，他丝毫没有感觉到喜悦，而是平静地说："此信可靠，但死伤太众。"为了尽快平息事态，避免更大的杀戮，使当地民众的正常生活得以恢复，他一把火把跟宁王交贿的大小臣僚的各类证据都烧掉了。

可是将水搅浑的也大有人在。明武宗知道了宁王谋反的消息，他想拥有军功，便以"奉天征讨威武大将军镇国公"自封，跟宠将江彬、许泰，宦官张忠、张永等拟订了计划，想要御驾亲

---

[1]　出自清代谷应泰的《明史纪事本末·宸濠之叛》。

征。当宁王叛乱被平定时，大军才刚到良乡。明武宗听到叛乱被平定后，非但没有显露出高兴的神色，反而不乐意起来，认为王阳明破坏了他的好计划。身边的"马屁精"一再怂恿明武宗，并告知王阳明放掉朱宸濠，好让明武宗亲自御驾亲征。

王阳明得知后，既感到生气又可笑，但如果把朱宸濠放出去则会造成更严重的后果，而且打仗势必会有人伤亡，怎么能够儿戏人的性命呢？于是，他开始向明武宗进谏，使明武宗害怕：宁王早已知道陛下亲征的事，派人沿途刺杀陛下，请陛下为江山社稷着想，放弃南下的想法。

同时，王阳明还下令把宁王及一众伪官连夜押解至明武宗处，并想方设法地劝说明武宗宠信的张永："宸濠残害江西的百姓已经很久了，老百姓经历了战乱，加之大旱，困苦的生活让他们饱受煎熬。为了上缴军饷，已经民不聊生了。如果再发生战争，哪里还有供奉的力量呢？他们一定会四处逃窜，聚集在一起起义闹事。如果地方不安定，一旦形成土崩之势，那么就很难兴兵定乱了。"

张永静静地思考了很久，说："我这次的目的是为皇上的安全着想，而不是想要得到功名。皇上身边有太多进谗言的小人，因此我很难向皇上进言，如果按照皇上的意思办，或许还有可能挽回一些，否则，只会留下让那些小人攻击的借口，对天下的大计起不到丝毫的作用。"王阳明并非看不出来张永的诚意，便把朱宸濠交给了他，以静观事情的变化。

明武宗一心想把朱宸濠放走，想再次发动一次战争，便派遣了一名锦衣卫官员告诉王阳明把朱宸濠再追回来。王阳明不肯再发动战争，他的属下担心他会招惹麻烦上身，竞相劝他。王阳明正色道："倘若做父母的有乱命，那么身为儿子一定要泣涕相劝。我是不屑于做阿谀之人的。"属下又问给锦衣卫多少酬劳，王阳明说："五两银子就够了。"锦衣卫认为钱少，像打发叫花子一般，因此不肯收下。

第二天，锦衣卫准备离开了，王阳明热情地拉着他的手，说："我在锦衣卫的监狱被关过很长一段时间，从来没有见过一个人像你这么轻财重义的。昨天只是为了表达一下我的心意，你拒绝了我，我心里感到十分惶恐。除了作文，我再也没有别的长处。他日我一定写文章把这件事情进行记述，让你这样的义士可以被世人皆知。"那个锦衣卫哭也不是，笑也不是，只好灰溜溜地跑了。王阳明想方设法阻止新的平叛战争打起来，但是却失去了明武宗的好感，明武宗没有奖励他做的有利于国家和人民的事情，反而想治他的罪。

大学士杨廷和很嫉妒王阳明，他顺着明武宗的意思想要诬陷王阳明。宦官张忠也进谗说："王守仁在杭州，竟然不敢到南京来，陛下您如果召见他，他一定不会来的，因为他根本就没有把您放在眼里啊。"只有张永对王阳明的为人十分敬佩，于是一直在皇帝面前说王阳明的好话，明武宗便没有对王阳明下手。

这个时候，王阳明的处境是十分微妙的，他立了大功，有可能受到重赏，但是皇上和大臣们一旦对他不满，结果也可能是大祸。张忠、许泰打着清除宁王余党的幌子率领大军进驻南昌，城里一团混乱。为了使百姓不受其苦，王阳明让城区的百姓到城外躲避战乱，只剩下一些老人留守门口。他还带人亲自慰劳部队，对北军进行安抚，让他们受到感化，让纪律性得以保持。

王阳明知道，如果巴结张忠和许泰，对自己未来的发展会大有益处，如果把他们得罪了，则可能招致大祸。但王阳明并没有在意这些，每每开会，他都坐在中间，不做出任何卑躬屈膝之举。张忠、许泰感到不高兴，于是想着让他出丑，他们认为王阳明一介文人，自然不懂武艺，便要求他在校场上表演射箭。王阳明并不慌张，射出的三支箭全打中了，赢得了热烈的掌声。张忠、许泰看到这个计谋没有奏效，更是记恨在心。

由于在江西大军没有可以打的仗，于是明武宗下令军队回京。张忠等人心有不甘，就将多条罪状强加于王阳明身上，想要把他从功臣变为罪臣。王阳明并不在意他们的诋毁，他们不过是害怕他争夺权力罢了，又怎能知道他的真实想法呢？真是"以小人之心度君子之腹"。后来，在舆论压力下，明武宗还是对王阳明进行了一些封赏。王阳明虽然坦然接受了，但仍然保持着一颗清净的心。

倘若以政治家的标准来看，王阳明对官场关系的处理一点都不聪明，那些看上去对自己有好处的事，他坚决不做；明明有些事可能会给自己招来祸患，他却坚决去做。"致良知"便是如此，坚持要干干净净地做人。

养一身浩然正气

王阳明到了西安之后，通过了解得知少数民族起义的原因是汉族官兵与少数民族之间的矛盾。王阳明觉得假如对其施以武力，双方的矛盾会越积越深，这样就永远不会有完结的一天。于是，王阳明开始找寻缓解双方矛盾的机会。

王阳明这时候获知反抗首领哈吉有个母亲卧病在床。因此，他赶紧让自己的医生给这位母亲看病。没过几天，哈吉的母亲在医生的治疗下能下床走路了。由于双方的关系处于敌对的位置，哈吉没有什么反应。

后来，王阳明的行为通过医生传到哈吉的耳朵里，而且得知用来医治母亲的药也是王阳明所提供的，哈吉对王阳明的印象越来越深了。

随后，哈吉收到一封王阳明写给他的信，信中劝他以和为贵，为大局着想。王阳明的人格让哈吉深深地折服，哈吉从心里赞成这封信的内容。如此，王阳明没有动用官兵，用自身道德感化他人，解决了问题。

孟子说的修心养气之道，若只是一时兴趣，半分钟热度，只能算是知道而已；必须全身心地投入，才能真正地有所取得，进

而由"充实之谓美"直到"圣而不可知之之谓神"^①，才算是"吾善养吾浩然之气"^②的成功。

浩然正气是什么？一是至大至刚的昂扬正气；二是先天下之忧而忧后天下之乐而乐、有担当、无畏惧的勇气；三是大丈夫顶天立地公正严明的光明磊落之气。这昂扬正气、大无畏的勇气以及光明磊落之气就构成了浩然正气。有些人魁梧的外表下实则猥琐不堪；有些人引不起别人的注意，但他那山高海深的浩然正气却让人在平凡中领略了他的独特魅力。正是后者的刚直不阿，才能使其浑身散发出令人钦佩的正气。

古今心中有大气者，成大事。"笑览风云动，睥睨大国轻"，"俯仰天地之气概"，说的便是浩然正气。"名士风流"则体现在很多文人志士的身上。诸葛亮在三国时期的羽扇纶巾，看上去轻松、潇洒。羊祜为西晋开国元勋，平日打扮潇洒，十分飘逸，风度儒雅，在打仗时也表现得很英勇。不矫揉造作、风流倜傥是魏晋名士的特点。

孟子所说的"浩然正气"，不论是英雄还是文人名士都必须具备。"其为气也，至大至刚，以直养而无害，则塞于天地之间。其为气也，配义与道；无是，馁也。是集义所生者，非义袭而取之也。"^③文人志士身具浩然正气，大者中华之神威在此，小者至情至性。

---

① 出自《孟子·尽心章句下》。

② 出自《孟子·公孙丑上》。

③ 同②。

　　浩然正气不是那么容易养成的。"是集义所生者，非义袭而取之也。"这是《孟子》中的一句话。孟子认为，日积月累正义的念头才能产生浩然正气，一时的正义行为是不能得到的。至于"集义"，王阳明认为致良知的要求要融入生活的每件事中，如此，心中的浩然之气才能逐渐壮大，才能更好地以良知为指导解决其他事情，由此达到中庸境界中的"从心所欲不逾矩"①。

　　从此不难看出，做正直的人是养浩然正气的前提，对于生活中的每一件小事，我们都要诚实对待，逐步积累。

　　作为人的精神支柱，浩然正气就像屏障一样能够抵御那些歪风邪气。有浩然正气则邪气不侵、阴霾不入；有浩然正气则两袖清风、朗朗乾坤。"一日三省吾身"是保持浩然正气的好办法，自重、自省、自警、自励是要做到的，提醒自己无论何时何地都要激浊扬清、弘扬正气，这样正气才能旺盛，从而消除邪气，让社会更加正义和文明。这才是君子之道。

君子如玉亦如铁

　　王阳明出身于有良好教育的官宦世家，熟读圣贤书，把修身

———————
① 出自《论语·为政》。

齐家治国平天下看作是自己的责任。做官的时候，他屡立奇功，政治声望不断提高，不过，他的仕途却没有因此顺遂。

　　因为不满刘瑾等宦官把持朝政，正德皇帝收到许多官员的上书，要求皇上严惩刘瑾，结果都遭到了刘瑾的报复。王阳明直言不讳，时任兵部主事，上书请求皇上释放这些官员。王阳明被刘瑾报复谪迁贵州龙场，只做了一个小小的驿丞。非但如此，刘瑾还派人跟着王阳明，想在途中对其下手。

　　在钱塘江边发现杀手的王阳明及时跳入水中得以逃生。虽然这样，王阳明考虑到家人的安全，经一番思想斗争后，不得不受命赴贵州任职。刘瑾等人被扳倒后，皇帝重新起用王阳明，后因平定宁王朱宸濠一事对王阳明心有不悦，不但没有赏赐王阳明，反而贬了他的官。就这样，王阳明的仕途陷入了第二次低谷。

　　过了一年，先帝驾崩，嘉靖皇帝即位。南京兵部尚书是王阳明的新职务，但这个官职没有实权，王阳明并没有什么大的作为。王阳明愈挫愈勇，非但没有被挫折打倒，反而不断领悟人生的真谛，坚持传播自己的思想，当得起心学大师的称号。

　　王阳明修身养性，看重以德修身，以海纳百川的胸怀包揽万物。在遭遇挫折的时候，他不畏强权坚持理想，大丈夫的称号当之无愧。

　　"谦谦如玉，铮铮若铁"，这是君子人格在儒学里的最高境界。"谦谦君子，温润如玉"，用玉来比喻君子，圆润谦谦。"圆融"说的是佛家境界，要求人们心如止水，清心寡欲，然后方能不动声色、不滞于心。

此理一同谦谦君子的圆润。虽然修道成佛是不可能的事情，但是却可以使人的棱角渐渐平滑，变成谦谦君子。谦谦君子的前提便是具有容人之量、拥有宽广的胸怀和胸襟。

"铮铮若铁"，君子人格中铮铮若铁的特质被凸显出来，好比冬天的梅花，在凛冽的寒风中依然迎风绽放。那些敢于仗义执言决不妥协的人往往也有此品质：不奸猾，有胆识，有志气。他们出淤泥而不染，为人一派清明，敢于直面风雨。就像元代诗人王冕在《白梅》中所说的："冰雪林中著此身，不同桃李混芳尘。忽然一夜清香发，散作乾坤万里春。"

王阳明在《传习录》中说："名与实对，务实之心重一分，则务名之心轻一分；全是务实之心，即全无务名之心。若务实之心如饥之求食、渴之求饮，安得更有工夫好名？"只有像玉一样圆润才能名实并重，懂得韬光养晦，不被名利叨扰。

"谦谦如玉"与"铮铮若铁"，君子的人格由这两种特质表现出来。现在的社会，繁华复杂，倘若只培养谦逊的性情，或者只有铮铮铁骨的傲气，只怕一事无成。

要想在现在的社会中成就一番事业，就应该学习王阳明，方圆之道与铁骨之气兼修，凡事坚持自己的底线与原则，并且要像玉一样谦谦圆润地为人。只有这样，才能游刃有余地在复杂的人世间生存，建立丰功伟绩，名垂青史。

爱人者，人必爱之

王阳明一心追求做圣贤之人，他的父亲不赞同，认为王阳明的追求简直是白日做梦，因为历史上成为圣贤的人屈指可数。父亲认为王阳明是不切实际，只是一时兴起。但是王阳明从未停下自己前进的步伐，一直向着自己的目标前进。圣贤之人都以帮助世间百姓为自己的乐趣，他觉得生命是因为有了爱，所以才这么美好。善心是我们生来固有的一种优良品质，做善事是中华民族的一种美德，做善事对于我们来说是一件快乐的事情，而且还能给自己的内心带来一丝安慰，同时也可以大大地提升自己的修养。

赠人玫瑰，手留余香。与其做事情时以自我为中心冷漠高傲，最终导致孤单，不如主动敞开紧闭的心门。我们需要在融洽的交往中获得快乐——大家一起欢乐。记得有人曾这样说过，生命不是用来自私的，这解释了生命的一种崇高的追求，自私的人因为时刻想着自己，往往忽略了其他的人。

曾经有这样一个人，经历了长时间的跋山涉水，他的体力下降，且十分口渴。他注意到一条清澈的河流，于是就直接用手捧起水喝了下去。当喝饱后，他开心地对河流说："我现在不用再喝水了，水不用再流淌了。"当他说完之后，水还是依旧潺潺地流淌着，他看了很生气，"我说我喝完了，让你不要再流了，为什么你不听呢？"有人注意到他提出这样的无理要求，觉得很好笑，便上前对他说："你太愚蠢了。你有双腿不自己走开，为什么非要让水不流呢？"

只希望水为自己而流，这是自私的心理表现。人都有自私的想法，这便是我们性格中的缺陷，可是这是有弥补的方法的。虽然我们很难做到"舍弃小我，成全大我"，可是我们需要具备基本的仁爱，这样我们就可以摒弃内心的私欲。很多时候，我们并不需要特意帮助他人，只需要替他人着想，这样私心就会慢慢走远，使我们的人生迎来共赢的局面。

因此，我们生存在这个世界上，人人都可能帮助他人或得到他人的帮助。我们都有需要别人帮助的时候，因此当别人需要帮助的时候，我们也应该毫不吝啬我们的帮助和爱。这样，到了我们有难的时候，我们就不会因为自己曾经的冷漠而尴尬。

得人心者得天下

古人文子曰："用众人之所爱，则得众人之力，举众人之所喜，则得众人之心，故见其所始，而知其所终。"这段话的意思是，唯有"用众人之所爱""举众人之所喜"，才能够顺民心、得民意，自己才能有所作为。

对于"得众人之心"，王阳明有自己的独门秘籍。《大学》其实是一本教导君王如何成才的书籍，但是王阳明觉得"大学之道"的主要核心在于"亲民"。他将"亲民"作为区分真伪的实践性的标准，他认为知行合一是体现在亲民的过程里面的，这样才能够把三纲五常等"明德"融入现实生活当中。假如不能够"亲民"，那么所有的谈资都会变为空谈。要想真正做到"老吾老以及人之老，幼吾幼以及人之幼"，与万物融为一体，必须做到亲民的境界，唯有这样才能够"尽性"。

在龙场期间，王阳明和人民同甘共苦，深深体会到百姓的疾苦。正德十五年，王阳明任职于江西，由于江西数月都没有下雨，七月，禾苗旱死。而且当时又有宁王朱宸濠叛乱，时局动荡，王阳明便向当今圣上上书，请求为百姓免去租税。王阳明把百姓的痛苦显露在奏章中是非常不容易的。而且，他能够为百姓申述，不得不让人感慨，他也因此得到了百姓的爱戴。

孟子提出："得人心者得天下，失人心者失天下。"有些事是不能靠一个人去完成的，能够紧密联系人民群众，合理运用他们的力量，才能让自己走向成功。明朝的朱元璋在打天下的时候深刻地意识到了群众的力量是胜利的最终保障，他每到一处就民心所向，这是他成就大明朝的秘籍。

朱元璋在带兵去江南的时候夺取了采石城。采石城有富庶的南岸城池，破了该城之后，军队的军官可谓是占领了城内的各个角落。对于那些好几天忍冻挨饿的将士来说，那些摆在他们面前的粮食还有牲畜比什么都珍贵。即使是所谓的纪律严明，将士们还是忍不住哄抢，这座城处于一片混沌之中。

很有政治才能的朱元璋一边派了一队人在街头巡逻，一边向将士们解释道："我们这些队伍一定要做成大事，不能放眼于这点蝇头小利。眼前便是太平城，那儿富庶得像天堂，兄弟们到那里去好好享受吧！"之后，他让大家饱餐了一顿，稳定了城中的秩序。经历这次风波之后，朱元璋担心这座城大起波澜，便命令军中的书记赶紧起草了一份《戒缉军士榜》，目的是防止军队扰民，约束军队。果不其然，在太平城内，战争结束，士兵们要抢掠时，看见了大街小巷的榜文，上面写道：如果有杀害百姓、抢夺之人，死罪难逃。没有士兵违反军令，城中井井有条，打完仗之后，朱元璋依照功绩行赏，军官们人人都有奖赏。朱元璋的高明之处在于既笼络了民心，又稳住了军心。

在之后的战争中，朱元璋都是如此，这些法令被迅速传播开来，各地百姓都称朱元璋的军队是良军，为朱元璋带来了很大的便利。

与此同时，朱元璋也施行了对百姓有益的政策。例如，废黜了元朝的苛政，刑法被减轻了；同时也开始了救济活动；开始实施"给民户田"这项政策，鼓舞农民夺取地主的土地和财产；让当地德高望重的人做官，安稳民心。这些措施颁布了之后，很受当地民众的欢迎，得到人民的支持，朱元璋也借此实现了自己的理想。

不单单是朱元璋，历朝历代的很多在事业上面有所成就的人都是有号召力的人，他们得到民心帮助自己成就千秋霸业。比如唐太宗李世民，正是因为能够深谙民心，他最终才获得了人民的支持，获得了一代明君的称号，最终开创了"贞观之治"的繁荣局面。

孟子曰："得天下有道，得其民，斯得天下矣。得其民有道，得其心，斯得民矣。得其心有道，所欲与之聚之，所恶勿施尔也。"如果想在事业上有所成就，就必须笼络人心，而笼络人心的途径很多，其中最重要的一条就是拥有良好的道德修养，做到"德天下"，这样才能使人心凝聚，真正做到"得天下"。

小赢靠智，大赢靠德

小赢靠智，大赢靠德

```
┌──────────────┬──────────────┬──────────────┐
凭良心办事      土地不如德行，   君子如玉
                财物不如仁义     亦如铁
```

"夫良知即是道，良知之在人心，不但圣贤，虽常人亦无不如此。若无有物欲牵蔽，但循着良知发用流行将去，即无不是道。"

"种树者必培其根，种德者必养其心。欲树之长，必于始生时删其繁枝。欲德之盛，必于始学时去夫外好。"

"名与实对，务实之心重一分，则务名之心轻一分；全是务实之心，即全无务名之心。若务实之心如饥之求食、渴之求饮，安得更有工夫好名？"

得人心者得天下

"尧舜三王之圣，言而民莫不信者，致其良知而言之也；行而民莫不说者，致其良知而行之也。是以其民熙熙皞皞，杀之不怨，利之不庸，施及蛮貊，而凡有血气者莫不尊亲，为其良知之同也。"

（注：以上引文皆出自《传习录》。）

065

第四章
宅心仁厚，心宽是福

"如今于凡忿懥等件，只是个物来顺应，不要着一分心思，便心体廓然大公，得其本体之正了。"

——《传习录》

心狭为祸之根，心旷为福之门

心胸狭隘是祸的根源，心胸宽广是福气的大门。前者只会使人在狭小的世界禁锢自己；而心胸开阔之人，他的世界自然比一般人更宽广。心胸不够宽广的人，对曾经伤害过自己的人始终一直存有怨恨。现实中，大多数人都受过打击，比如因为感情的问题、被别人诬陷伤害或被竞争对手打击等，这些人心中的伤口一直还在，因而对那些伤害过自己的人不能释怀。其实，怨恨这种感情是比较被动的，不仅治愈不了自己的伤痛，大多数情况下还不能影响对方，而受伤和受折磨的只有自己。怨恨就像肿瘤，会不断扩大，打压着生活的欢乐，让人们没有欢笑，满面愁容。更有人因为无法释怀怨恨，活着竟然只是为了报仇，甚至导致自己最终含恨而死。

《传习录》中记载，有人向王阳明请教"有所怨恨"。他说道："怨恨，人的心中多少都会有。只是有的人不把它放心上罢了。产生怨恨时，若想得过多了，就会吸引更多的怨恨，因此，要想心胸宽广无私，切不可如此。有了怨恨，正直的心就会被吞噬。如今，对待怨恨，不要强求，也不要过分在意，这样，心胸便会宽广，从而达到本体中所谓的和平。"心胸狭隘的人无法忍受别人比自己强，猜忌心也很重，他能为很小的事情折腾很久，只因为与他的利益相关。与能够把心中怨恨放下的人相比，这种人伤害自己的程度更大。因为他心胸的不宽广，因而周围的人很难与他深交，朋友之间无法建立信任，除非给予种种利益诱惑，否则连开始成为朋友的机会都没有。历史上无数战功赫赫的开国功臣的死不就是一些人的猜疑造成的吗？

若心胸宽广，人们之间的不和就会减少，这样才能慰藉心灵，而心胸狭隘往往只会导致更多的不幸。无论是为自身健康着想，还是为了在激烈的竞争中获得上升的机会，待人处世都应该胸怀宽广。

只要心胸豁达宽广，便不再有怨恨，从而欢乐地度过人生。只有这样，才能得到他人的尊重，共同进步。不经意间，豁达会给你带来更多的收获。

赵王有个名叫少室周的卫兵。他力气很大，在一次比武中，另外的五个士兵竟然没能将他摔倒。赵王因此非常赏识他，并把他任命为御前侍卫。不久之后，有个叫徐子的人找到少室周较量摔跤。结果，少室周三回都输了。

徐子被少室周带去见赵王，少室周一脸羞愧地对赵王说："您还是用这个人作为您的御前侍卫吧。"赵王感到奇怪，便问："你现在的名气很大，想取代你的人有那么多，你为何要推举他，我没有要换你的意思呀？"

"当年我力气大，才当上御前侍卫。现在，有人比我更优秀，若我不举荐他，我便会被大家耻笑。"少室周回答道。少室周的胸怀宽广让赵王很钦佩，最后，赵王允许他们一起当自己的御前侍卫。

豁达是一种可以衡量个人层次的修养。古人云，"牢骚太多防肠断，风物长宜放眼量"。若我们任何事情都要深究，长此以往，就会变得心胸狭隘，还很容易对别人产生嫉妒的心理，这将不利于我们身心的发展。

若不想被世俗所累，就要敞开胸怀，这样才能让自己的心灵保持纯净。若能做到待人不乱猜忌，把心中的愤恨放下来，面对误会和摩擦，有宽阔的胸怀，不在意世俗荣辱，不被世俗、琐事、苦闷所扰，就能容纳万物，容纳太虚，活得舒心、自在也就不难了。

其实，心和世界是一样大的。王阳明所说的"不要着一分"的意思就是让人们敞开心胸。在他眼里，这是一种不以物喜、不以己悲的人生观，是一种处变不惊的智慧和淡定。天地那么广阔，只要我们有宽广的心，就一定能够自由地飞翔。

宅心仁厚，学会宽容

古人曾感伤花朵的凋零，说："碾我入尘土，依旧笼乾坤。"

大概意思是，即使让众人车马践踏，却不怀恨在心，仍然用自己的香气点缀世界，这种气度和胸襟特别令人赞赏。王阳明也有过此类的感叹：所有的生物都是有生命的，我们应该心存仁厚，如果将草木拔了去喂动物，怎么下得去手呢？人和动物都需要得到爱护，人们用动物祭祀、宴请宾客，忍得下心吗？亲人和路人的命都是一样珍贵的，两人都濒临死亡，给一点吃的就可以活命，宁可救自己的亲人，也丝毫不同情路人，于心何忍啊？

明代思想家薛瑄云："惟宽可以容人，惟厚可以载物。"涵养和包容不但是我们立业必备，更是为人处世的好方法。每个人都应该用慈悲稳住自己的身心，接纳与自己思想、信仰、性别、种族完全不相同的人，这个世界便会和平。"当我们把紫罗兰踩在脚下的时候，紫罗兰却把芳香留给了我们。"这是伟大作家马克·吐温对宽容做的一个最形象的解析。实际上，当我们宽容别人的同时，也提升了自己。

一颗包容之心既包含善良，又体现了人生的智慧。当包容之心逐渐浓厚时，自己的观念也一定会慢慢发生变化，所以，每个人都应该以一颗善良的心提升自我，关爱别人。从古至今，宽厚的人、包容的品格一直被后人所赞颂，心胸狭隘其实是一种不足。

唐代的狄仁杰特别看不起娄师德，但娄师德并不在意，依然推举狄仁杰当宰相。不过，武则天将这件事情给捅破了。

一次，武则天问狄仁杰："娄师德是贤能的人吗？"

狄仁杰毫不犹豫地说："当一名将领只需要守住国土，贤能这件事情我是没看出来的。"

武则天继续问道："娄师德可以知人善任吗？"

狄仁杰又说："我以前与他接触过，并不知道他有这个优点。"

武则天又说："现在的你就是他推荐给我的。"

狄仁杰知道以后很懊悔，即使自己常常很明显地看不起娄师德，可是娄师德竟然如此宽厚，坚持以平常心看待他。他发自肺腑地说："娄师德很高尚，我已受此恩惠很久了。"

娄师德不但不在乎过去，而且向皇帝推荐狄仁杰，正是任人唯贤啊，如此品德是多么值得赞扬。在包容狄仁杰的同时，娄师德也净化了自己的心灵。懂得宽容，意味着我们不再计较自己的得失。大胆地承认自己的缺点，才能够取长补短，安心地工作和生活。人生的大多数烦恼是因为自身，也就是我们常说的画地为牢，作茧自缚。争强好胜一旦达到一种程度之后，往往会让自己活得很累，没有了做人的乐趣。知道包容别人的人，自己也往往活得比较开心。

《三国演义》中，蒋琬以安定民众为目标，注重政绩实效，不讲究表面文章，深得诸葛亮的赏识。诸葛亮表明死后由蒋琬接替自己的位置。蒋琬上任后，众人都很不服。蜀国的杨仪自认为论资历，自己绝对比蒋琬有能力，但是自己的地位却比他低，而且没有得到赏识，便经常向他人埋怨，跟别人说若是当初诸葛相初亡的时候自己投奔魏国，那么，自然不会是这样的下场。后主刘禅听到这样的流言特别生气，当即要问斩杨仪。蒋琬尽管知道杨仪不服自己，但却不至于到了治死的地步，便在皇帝面前替杨仪求情。

蒋琬有个手下叫杨戏，每次商量军事的时候，杨戏都很少发表意见。有人趁机给杨戏使坏，和蒋琬告密说杨戏不把蒋琬放在眼里。蒋琬懂得一个人若是对对方没有什么好印象，甚至将对方作为对手，那么不管用什么方法都是无法改变的。并且，如果计较得太多，就有可能自己人和自己人打起来，对国家的安定很是不利。因此，他反过来替杨戏说话："杨戏其实只是性格内向，做事谨慎，你以后不要在我面前搬弄是非了。"

蒋琬以宽容大度和求同存异的处事气度赢得了大家的尊敬，获得了人心，在诸葛亮刚刚去世的那段时间里，他为蜀国贡献了很多。中国台湾作家罗兰曾说过："宽容是一种美德。一个人只有拥有宽厚的心胸，快乐肯定多，烦恼才会少。"

只有学会了宽容，才会拥有轻松愉快的生活，此乃宽容的真谛。宽容就是不埋怨，而不是假装愉快和不切实际的天马行空。当我们宽容了别人，感情上便不会太沉重，同时也提升了自己的心灵。

王阳明曾说："和别人交朋友要相互理解，这样才能从中受益。若只会攀比，肯定会受到伤害。宽可容人，厚可载物。可以做到宽容别人的人必定是个宅心仁厚的人，在处理事情时能够多为他人着想，不但顾及别人的安危，也对自己有好处。"

学会忍让，善待他人

明朝正德年间，朱宸濠谋反。王阳明率兵征讨，打败了朱宸濠，立了大功，但是却令当时深受皇帝宠爱的江彬大为嫉妒，认为王阳明抢了自己出头的机会。因此，他到处散播流言："其实，王阳明和朱宸濠曾经是同党，听说朝廷要出兵征讨，为了解脱嫌疑，他才亲自率兵出征的。"

王阳明听说了这些话以后，对朋友们说道："若是退让一步，将捉拿朱宸濠的功劳让给别人，便可避免许多麻烦；如果不妥协，很可能会出现更多的麻烦，使他们做出更多伤天害理的事情。"因此，他将朱宸濠交给了太监张永，并让张永禀告皇上：捉拿朱宸濠都是总督和士兵们的功劳。这样，江彬也就没什么可以说的了。

王阳明谎称有病，去寺里休养。张永回朝以后，赞扬王阳明的用心和其让功避祸的睿智，正德皇帝最终知道了事情的原委，自然免除了对王阳明的惩罚。王阳明用退让的方法避免了不必要的麻烦。在错综复杂的人生当中，不仅需要勇往直前，同样需要小心谨慎。退让不但是一种智慧，同样也是一种顽强的意志力。

短暂的忍耐，有原则的让步，将使人生的道路更为平坦。

唐朝娄师德做事成熟稳重，有气度。他弟弟即将赴任代州刺史，在临走时，想征求他的意见。娄师德对弟弟说道："我如今身为丞相，你又得到重用，任职州官，我们接受的恩赐太多了，必然会让别人有所嫉妒。你是如何看待这个的？"弟弟说道："从现在开始，若我出了事情，我一定学会自己解决，肯定不让你为我担心。"娄师德说道："我所担心的正是这个。别人若是用口水淹死你，你肯定会很愤怒，如果将它擦去，岂不是令他更加地气愤？这样只会更加激怒他人。最好的做法是不要去管那些口水，让口水自己干了就好，用一颗坦然的心去面对即可。"

不去管那口水，平静接受，娄师德想要教会我们的是"忍一时风平浪静，退一步海阔天空"的哲理。将别人的愤怒转化为无形是非常不易的，赞扬挖苦过你的人却是值得钦佩的。如果能用睿智、品德战胜狭隘的嫉妒，将是非常了不起的。若是一个人在平时交谈时愿意吃点亏，让别人一句，在处理事情的时候留下回旋的余地，那以后就会得到更多。

关于忍让，王阳明也曾说过，起伏、退让都是技巧。就如同海面上的波浪一样，起伏是必有的，是人生一定就会有进退。在现实生活中，人们总会遇见不顺心的事情，若不能泰然处之，就很容易产生偏差，而且更进一步地导致身体上和精神上受到创伤。为了让自己有一个良好的心态，一定要懂得欣赏自己，不要对他人要求太高，避免因对方达不到自己的要求而产生太大的心

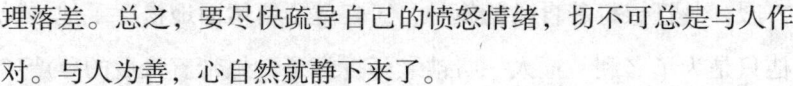

理落差。总之，要尽快疏导自己的愤怒情绪，切不可总是与人作对。与人为善，心自然就静下来了。

很多时候，有限的退让只是一种简单的策略而已，也是一种心理素质。只有退让才可以换来发展的空间，只有退让才可以有今后更大的收获。

在处理事情方面，我们一定要学会忍让。《增广贤文》中说："忍得一时之气，免得百日之忧。"对长辈的容忍是孝顺，夫妻间的容忍则是和气，对朋友容忍是善良，对年幼者的容忍则是美德。你宽待了别人，别人也一定会如此对你。虽然忍字头上一把刀，但是容忍能让万事消停。宁愿人负我，不愿我负人。若与他人发生了矛盾，一定要记住："小不忍则乱大谋。"为人应以宽厚待人，要明白："能忍耐终身受益，大学问安心吃亏。"

容人方能得人之心

嘉靖年间，有位泰州的商人穿着奇怪的服装来到王阳明家里，希望投靠王阳明的门下，王阳明答应了。不久，这人就希望穿着这些奇怪的衣服出去旅游和讲学。王阳明问他穿成这样的原因，这人告诉王阳明说自己是为了反对理学陋规和讲究心学才这么穿的。王阳明明白他是担心别人不重视他，因此才穿着奇怪的衣服，并且想打着自己的旗号，于是就不留情面地揭穿了他，说他只是为了名利。这人一听被老师拆穿了，想带着最后的尊严离开，谁知王阳明并没有计较这些，而是让他留下。从此以后，这个人痛改前非，专心学习，成为了王阳明最优秀的学生。他就是泰州学派的掌门人——王艮。

正如俗语所说的"水至清则无鱼，人至察则无徒"。如果你高人一等，但是你却完全没有容忍下属及学生过错的心，那么你就无法使他们尊重和听从你的命令。实际上，历史上还是有很多明君的，他们对待一些不重要的小事从来不过多计较，绝对不会将下属每天都弄得处在水深火热之中，以至于战战兢兢、如履薄冰地过日子。然而，对待那些超越了原则底线的事情，他们从来都不客气，也丝毫不手软。他们有容人之心，这种聪明的决策不但能体现他们宽阔的胸怀，也可以算得上是一种生存的谋略。

当初，楚庄王逐鹿中原，可谓是屡战屡胜。庄王特地设宴让大臣们为此庆祝。吃饭期间，庄王让深受宠爱的妃子给众位大臣敬酒。此时，天已经渐渐黑了，侍者们点燃蜡烛，为宴席带来光亮。君臣都兴致勃勃地猜拳行令，敬酒干杯，特别热闹。突然间，刮来一阵狂风，蜡烛被风吹灭了，整个大厅瞬间漆黑一片，而庄王的那位爱妃正在席间轮番给各位大臣敬酒。刹那间，庄王的爱妃感觉到有人趁黑暗扯住了她的衣袖。对于这种突然发生的无理行为，美妃不能大声喊叫，又无法挣脱，情急之下，她突然想到了一个好办法，将那人的帽缨拽下了。那人头上一松，美妃

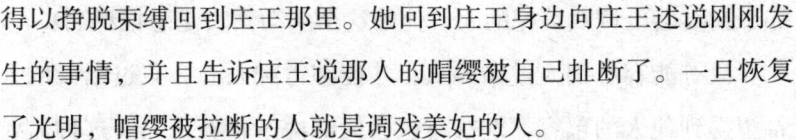

得以挣脱束缚回到庄王那里。她回到庄王身边向庄王述说刚刚发生的事情，并且告诉庄王说那人的帽缨被自己扯断了。一旦恢复了光明，帽缨被拉断的人就是调戏美妃的人。

庄王听了爱妃的哭诉之后，认为这件事没有美妃说得那么严重。因此，在蜡烛还没有点燃之前，他对着众位大臣高喊："今日宴请重臣，甚是隆重，大家一定要尽情欢乐，不要有半点拘束，大家都将自己帽缨扯坏，谁的若是还完好无损，就说明谁喝得不尽兴！"大臣们不明白庄王为什么提出这个要求，为了能够讨得庄王的欢心，大家纷纷将帽缨扯坏了。当烛光再次照亮屋子的时候，每个在场的人的帽缨都扯坏了，根本看不出哪个是调戏美妃的人。因此，调戏美妃的人，他非但没遭到一点处置，而且谁也不知道有这么一回事发生。按理说，在宴会上调戏皇帝爱妃的人应当被立刻处以死刑。庄王为何成心为那人开脱，而且还不惩罚那个人呢？他向爱妃解释道："酒后失态是在所难免的，假如对这件事一查到底，一定会使大家失信于我，使大家都不能尽兴而归。"

在这次宴会不久之后，楚庄王以郑国与晋国在都陵会盟为借口，于次年的春天率领全部军队向郑国进攻。这是场激烈的战争，共经历了三个月的时间，其间，楚庄国命人对郑国进行了多次突击。在这场战役中，有一名军官是最为勇敢的，他杀敌最多，郑国的士兵都很害怕，最终不得不投降。楚国取得了胜利，在论功行赏的时候，楚庄王得知那个奋勇杀敌的人叫唐狡，正是那个在宴会上调戏美妃的人。他的这个举动其实是想报恩啊！

　　只有能容忍别人过错的人，才能够得到人心。犯过错误的人希望得到他人的包容，期待有机会能够悔过自新。只要这种需要得到肯定，其对立的情绪就会消失，而"滴水之恩，必当涌泉相报"的感情则会快速占据他们心理上的主导地位。

　　如果领导者对于下属的过失能够宽大为怀、容人之过，那么，下属必然对他竭尽全力地相报，确切地说，是给自己留下了一条后路。

恕人之过，释人之嫌

　　王阳明十分推崇心学，想从自己的内心中去寻找万事万物的根源。当时，宋儒非常受欢迎，作为突破性学说的心学让人们在一片迷茫中看到了未来，因此在全国范围内听王阳明讲课的弟子越来越多。王学的流行威胁到了朝中的当权者们，因此，他们总是为难王阳明和他的心学。众弟子不满于老师受到的待遇，都为王阳明打抱不平。王阳明却是非常大度和坦然，仍然对自己的讲学事业乐此不疲。

　　一个人若有如此的大度量，便会有大群的知心朋友在他的身边集结。大度的人可以对周围的人和事保持"求同存异"的态

度，对待他人时不受到自己的特殊个性或癖好的影响；此外，大度还表现在可以听取任何不同意见，特别是能认真听取相反的意见；大度的人可以容忍别人的失误和过错，特别是当别人对自己犯有过错的时候，他们可以不计较，不因此事改变对他人的态度；大度，更体现在能够虚心地接受批评，一意识到自己的错误就马上改正，与别人发生不愉快的事情时，可以主动对自己进行检讨，而不是文过饰非、推诿责任；大度的人懂得关心他人，对他人给予帮助，体贴别人。王阳明曾经说每个人与亲人之间切不可分什么远近薄厚，对待人世间万物都应该有一颗仁爱宽容的心。

在与人相处中，难免会发生矛盾，也会发生这样或者那样的错误与过失，若是你不让我，我不让你，争斗就难以避免了。此时，我们就需要拥有宰相肚里能撑船的度量。

"当你求全责备别人时，思考一下是不是自己已经做好了，考虑一下自己是不是做对了，再说出别人的过失。这就是我们所说的'严于律己，宽以待人'。"

宽容是一门做人的艺术。对人宽容，最重要的就是要从心里接受别人，不仅要接受别人的优点，也要接受别人的缺点。与其实现或解决事情的时候满怀怨恨，不如试着去接受并宽容，没准更有助于实现你的目标，解决好矛盾，化干戈为玉帛。

有一种度量叫容人之过、释人之嫌，也算得上是一种策略。只有能容忍别人，才能赢得人心。我们都不是圣人，谁能没有过失？人一旦犯了错误，都希望别人对他宽容，重新给他一次改正的机会，因此，对于那些可以原谅的失误，何不给对方一次改正的机会呢？一旦对方获得了别人的包容，将会想要感恩图报，希望改正自己的错误以此获取别人的赞赏。

不急人怒，忍让内敛

人世间什么力量是最大的？答案是容忍。拳头和刀枪会让人害怕，却不能使人心服，只有忍辱负重才可以感化强者。诸葛亮七擒孟获，廉颇勇于向蔺相如负荆请罪，都是因为容忍能感化强者。

王阳明也曾坦言，被贬官到贵州之后，他自觉一无所有，只能逆来顺受。因此，贵州最能够让他的忍耐力得到锻炼，也是最可以让他静心忍性的好地方。绝地反攻是王阳明在军事思想上最擅长的一种做法，平定叛乱的时候，王阳明率领的军队曾几度陷入困境，但是最终还是取得胜利，打败了朱宸濠。就算是自己占有有利兵力时，王阳明仍极善于忍耐，等到最佳的时机才用最少的损失获得战斗的主动权，并且最终取得胜利。他善于忍耐，并且能够很好地放低自己的位置，可以说，正是他的自信和忍耐造就了他的军事思想。

　　孔子说："百行之本，忍之为上。"我们一定要学会忍耐，特别是那些性情急躁的人，不管遇到什么事情都不要随便发火，而要懂得自制，不然，得罪的人多了将不利于自己日后的发展。

　　北宋时期有个品行端正的好宰相叫富弼，在年轻的时候，因为能言善辩，所以他不经意间得罪了许多人，因而给自己的事业和生活带来了极大的不便。

　　在自省了很长一段时间之后，他变得越来越宽容和仁厚。因此，一旦有人对他说有人在背后说他的坏话，他总会一笑而过地说："怎么可能呢，我不相信他会这么说我。"

　　有一天，有位秀才希望在众人面前让富弼丢人出丑，于是就在街心拦住他说："你不是博学多识吗？鄙人有一个问题想请教你。"

　　富弼明知道这个人不是善良之辈，但是却又不能置之不理，于是只好答应了。

　　秀才刁难富弼说："请问，欲正其心必先诚其意，所谓诚意即毋自欺也，是即为是，非即为非。若是有人辱骂你，那么你将怎么办？"富弼想了一下，答道："我可能会装作没有听见。"秀才大笑道："看来有关于你熟读四书、通晓五经的说法纯属捏造。我要告诉大家，富弼才疏学浅，只是庸人罢了！"说完以后，秀才便大笑离去了。

　　富弼的仆人埋怨主人："您真是令人无法理解啊，这个问题如此简单，连我都能答出来，您怎么能装作什么都不知道呢？"

富弼解释道："这一定是个轻狂的人，如果用道理和他争论，最终一定会剑拔弩张、面红耳赤，以至于他最后哑口无言，都口服心不服。书生的心胸很狭隘，得罪他对于我并没有什么好处，我又有什么理由和他争辩呢？"

过了几天，富弼又在街上遇到了那个秀才，便主动和秀才打招呼。

谁知秀才并不搭理他，扭头走了，走了没多久，又返回来大声讥讽富弼道："富弼就是一只缩头乌龟！"

有人对富弼说秀才在骂他。

"不是骂我吧！"

"秀才都带着你的名字骂了，怎么可能不是骂你呢？"

"天下难道没有同名同姓的人吗？"

他一边走一边说道，对秀才的辱骂丝毫不理会。秀才觉得很无趣，于是就灰溜溜走了。

人的一生之中难免会像富弼这样遭遇尴尬，遭遇到他人不公平的对待和辱骂。富弼给我们做了一个榜样，即使那不公正的批评或难听的辱骂非常卑鄙、恶毒、残酷，你也一定不要如对方一样变得理智全无。保持沉默才是获胜的唯一战术，不要和别人发生正面的冲突，更没有必要进行多余的解释。若是别人骂你，你完全可以将那个人当作是空气，不去理会他。在这个时候，相互争吵、辱骂只会带来更大的烦恼、怨恨和伤害，根本不可能有利于解决问题。也可以这么说，对骂中处于劣势地位，只是当众受辱，自己并不会受到多大的损害。处于优势的一方，就算将对方骂得狗血淋头，又能得到什么？这样，只会让对方更加讨厌你。

戴尔·卡耐基曾说："利用对方的长处才是真正憎恶对方的唯一简单的方法。"卡耐基所说的憎其实是宽容的另一种形式，憎恶别人并非咬牙切齿，而是学习对方的优点，把它变成使自己强壮的工具。

为了更好地使自己得以保全，我们应该学会谦卑并放低姿态，多一些谦逊、低调、圆融、平和。很多时候，要想获得更圆满的人生，我们就要采取低姿态，并尽量低调、内敛。

忍小事，成大事

王阳明曾经向我们阐述过他做官被贬的经历。那时，他居住在蛮夷的地区，处境很是艰苦，但是由于"忍性"，他收获了很多东西。那时候的王阳明刚入仕不久，虽然有远大的宏图，却惨遭奸臣的暗算，被贬到贵州，以至于差点在半路上被杀害。可是他忍住了这口气，巧妙地躲过了暗杀，继续赴任。正是因为他的隐忍，使得刘瑾的疑心渐渐消除，他才得以保住了性命。他后来之所以能"龙场悟道"，也是因为他暂时的隐忍使他从此有了心学。

即使他被贬谪，王阳明仍然拥有远大的志向，他不但躲过了杀身之祸，并且还成就了自己的伟业，原因就在于他的不骄不躁。在现实生活中，性格暴躁的人很难办成大事的。性情温和、内心安详的人，则一定可以万事顺心，因为命运捉弄的必然是那些不能掌握自己命运的人。

以前，有位妇人总是生气，有时只是因为一些琐碎的小事。她明白自己这样做是不对的，于是就去求一位世外高人，以使自己的心胸变得开阔。世外高人听了她说的事情以后，没有说什么，而是将她带到柴房里，把柴房锁上后便离开了。妇人气得直跳脚，骂了很长时间。世外高人仍然不理睬，后来，妇人不再大骂，而是哀求高人，世外高人依然置之不理。妇人最终沉默了。世外高人来到门外，问妇人：“你是不是还在生气？”

妇人说：“我在生我自己的气。我怎么会来这个地方受罪呢？”

“一个人如果连自己都不能原谅，如何能心如止水呢？”世外高人说完便转身走了。

一会儿，世外高人又问她：“你是不是还在生气？”

“不生气了。”妇人答道。

“原因是什么呢？”

“生气没有任何用啊！”

“你的气仍然在心里，并没有消逝，一旦爆发，只会更加强烈。”世外高人还是离开了。

世外高人再一次来的时候，妇人答道："我一点都不气了，因为为它生气根本不值得。"

"懂得去衡量，实际上还是有'气根'。"世外高人笑着说。

夕阳之下，当看见世外高人的身影出现在门口的时候，妇人问道："气到底是什么呢？"

世外高人把手中的茶倒在地上。

妇人观察了一会儿之后，顿时感悟到了什么，于是，她叩谢完就走了。

妇人问"气是什么"。高人想说的是：需要上的失落就是气。当我们自己不掌控情绪而是由别人掌控情绪的时候，就已经作为一个受害者的形象存在着了；当我们对现在发生的状况无能为力的时候，便选择释放自己的抱怨和愤怒。生气实际上就是用自己的过错来惩罚自己。既然这样，又何必生气呢？

不要生气，由于生气不仅伤害身体，同时也会伤神，所以，每个人都要学会控制自己的情绪，否则，一些过分的言语和行为不仅会把事情搞砸，还会伤害别人。做大事成大事的人，"忍"是关键。我们常说忍耐是令人痛苦的事情，可是忍字仍然存在一颗心。若是多一点容忍，包容别人的人和被包容的人就都会感到身心愉悦。

古时候，有个人叫张崇，他年轻的时候在山上放羊，放了一会儿，张崇就打起瞌睡来。此时，一声牛叫惊醒了他，他注意到自己的邻居正在蹑手蹑脚地抓起绳索，准备牵走他的牛。张崇并没有立刻喊叫，其实他很了解这个邻居的情况，因为家里面特别穷，邻居已经很久都没有吃上肉了。此时，张崇从地上起来默默地跟在邻居的身后。

进入邻居的家以后，张崇看见邻居正在磨刀，像是要把牛宰杀掉。这个时候，邻居已经发现张崇站在自己的旁边了，立刻感到羞愧无比，不知所措。张崇并没有对邻居进行任何的责怪，而是给邻居讲了一个故事。在张崇小的时候，家里过得很艰难，总是吃了上顿没有下顿。有一次，他去田里偷了人家一个西瓜，主人发现后并没有责骂和羞辱他，反而主动从地里拿来一个西瓜让他吃，而且在张崇走时又多拿了几个西瓜让他带走。

十几年过去了，张崇飞黄腾达了，做了官，常常把这两个故事讲给手下的人听，说道："我希望用我自己的行为使对方受到感染，这要比责骂杀头有意义得多，若是天下的人都这样做，那么天下也就太平了。"

西瓜的主人不仅没有责备他，反而还给他西瓜吃，令张崇受到了感染，因此当别人牵走他家的牛时，他也并没有责骂，反而忍着，希望用自己的行为使对方受到感染。正所谓小事不忍，怎么成就大事呢？做人要学会忍耐，若是一点小事都不能忍耐，就乱发脾气，那么肯定什么事情都做不好。成事的往往是那些能够忍耐的人，否则麻烦将会随之而来。只要学会忍耐，明天肯定会充满阳光。

明朝初期，宋儒理学在各类学说中占统治地位，因为王阳明的学问刮起了一股新风，让儒学呈现出了新的形势。不过，王阳明的学问也遭到了很多异议，像同朝为官的吴廷翰的知行知识就批判了王阳明的学说。吴廷翰觉得：人类所认识的外界是客观存在的，在认识中更值得强调的是感悟的"知"和"行"，"不可求知于物之外"，"言知之物，乃知之着实处"，假如脱离了外界事物，则只有"空知"，从而失去认识的对象和来源。王阳明没有不满于他人的批判和指责，而是包容大度，他觉得对于学术发展而言，这属于正常的现象。

我们一定要保持温和的心态，从容不迫地面对那些纷扰。可能你永远都不会明白生活中的一些事情，可是你仍然需要一天一天地正常过日子，因此，忍耐是你必须要学会的一课。若是没有改变现实的能力，那么你就必须学会忍耐和适应，这样才能拥有美好的明天。

宅心仁厚，心宽是福

容人方能得人之心

"处朋友，务相下则得益，相上则损。"

学会忍让，善待他人

"一起一伏，一进一退，自是功夫节次。"

心狭为祸之根，心旷为福之门

恕人之过，释人之嫌

"及至吾身与至亲，更不得分别彼此厚薄。盖以仁民爱物，皆从此出；此处可忍，更无所不忍矣。"

不急人怒，忍让内敛

"往年区区谪官贵州，横逆之加，无月无有。迄今思之，最是动心忍性、砥砺切磋之地。"

忍小事，成大事

"其后谪官龙场，居夷处困，动心忍性之余，恍若有悟。"

（注：以上引文皆出自《传习录》。）

第五章
自省吾身，常思己过

"学须反己。若徒责人，只见得人不是，不见自己非。若能反己，方见自己有许多未尽处，奚暇责人？"

——《传习录》

终日不忘反省

世界上的所有东西都要用某些标准来衡量，这样，你才能洞悉其中的究竟。人更应该这么做，经常对自己进行反省，这样才能对自己有正确的认识，使自己得到提高。王阳明认为，自省是一个办法，而不只是目的。人要学会对自己进行反省，才能够得到省悟。然而，省悟如治病的药一般，如果不吃下去，只是握在手中，不可能医好病。所以，人应该通过对自己进行反省使过去的自己得到提升，这样才有可能取得成功。

师徒两人住在山上。师父喜欢看徒弟，他常跟着徒弟做事情。徒弟浇水种地，他模仿徒弟做事，徒弟玩游戏，他也玩游戏。就连徒弟偷跑出去到集镇上玩，他也效仿。过去一段时间后，徒弟忍不住说："师父，您德高望重，为什么老是学我做事呢？"

师父回答："我40岁的时候就重新做了一遍年轻时做过的事情，但是现在我已经80岁了，那时候的我已经逝去了。但是，我每天的生活依然是年轻的，这是因为我找回了年轻的心态，所以我这个80岁等于是再过两个40年，一个40年是从40岁到80岁的变老，一个40年是从1岁到40岁的重新年轻。如果照这样说，我现在已经 120 岁了。"

师父还说："一个人小时候，荒谬可笑的事肯定不少，现在我终于能够分清楚那些对的错的事情，知道哪些是应该保持的，是珍贵无比的；哪些是可以一笑而过的，是愚蠢的。如果保留一半抛弃一半，那么这 40 年虽然过的是过去的年轻生活，却节省了一半过去被荒废的时间，这样就相当于又延长了一倍。如果照这么说，我已经活了 160 年了。

"对过去进行回顾，其实是有利于现在的。它能够留给我很多经验教训，让我更稳当地走在现实的路上，让我在后 40 年里少走许多弯路。如果照这么说，我甚至已经超过了 160 岁呢。"

其实，师父究竟活了多少岁，深究的意义并不大，我们要学的是像他一样保持一颗年轻的心，时时对自己进行反省。就像《菜根谭》里面所说的：作为人，应该时时对自己进行反省。这一点并不难做，但大家总是忽略它。人生和走路一样，顺畅的时候是有，绕弯路的时候也不少，甚至有时候还会误入迷途。

有位哲学家在晚年的时候将自己的眼睛刺瞎了。别人对他的这一举动都表示不理解，他却说："我这样做是为了把自己看清楚。"老子说："知人者智，自知者明。"自知之明是真正聪明的人必须具备的。圣人之所以都具备这一品德，是因为他们时刻对自己进行省视。时时能对自己进行省视的人，错误很少发生在他们身上，因为他们总是想：有哪些事情是我能够去干的？我应该怎么做？我有哪些优点和缺点？这样做就能轻而易举地将自己

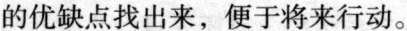

的优缺点找出来，便于将来行动。

自己才是我们最大的敌人。只有那些时刻对自己进行反省的人才能真正觉悟。只有不断反省自己，才可以让自己处于不败之地。王阳明常讲究格物以致知，他说："只有仔细省察克制，不要让心出现偏差，才能达到真正的格物致知。"

有事省察，无事存养

"省察"即对自己进行省视和检查。诸如，这件事情这样做对吗？这句话这样说可以吗？这个想法合适吗？儒家传统的修身方法说的便是这个。曾子说过："吾日三省吾身：为人谋而不忠乎？与朋友交而不信乎？传不习乎？"通过对自己进行省视，发现自己的不足，改正自己的过错，那么便相当于提升了自我的修养。

"存养"即加强自我的修养。王阳明知道，自我修养的目的是发现良知，而不是让别人来看它。他曾经说："无事时固是独知，有事时亦是独知。人若不知于此独知之地用力，只是在人所共知处用功，便是诈伪。这种独知就是诚心，不管是善良还是邪恶，不会有假，对就是对，错就是错。""独知"，就是所有的事情自己都心照不宣；"共知"，就是每个人都能发现的。修养的真正意义是做任何事都以自己的良知为准绳，只需要自己心中光明磊落，至于别人知道还是不知道，对于自己有什么好处，则丝毫不在意。

修养一般的人做了好事往往大肆宣传，生怕无人知道。王阳明觉得只有"诈伪"的人才有这样的表现，因为这种修养不是真正的修养。原因是什么呢？你向他人示恩，总是希望获得他人的感激，希望得到好的名声，或者希望别人回报你什么，这跟做买卖、放贷款又有什么差别？又怎么能表现出诚意呢？你略施小恩，却希望有大的回报，和奸商又有什么不同呢？

他的"独知"其实类似于儒家传统的"慎独"的修养，只是说法不同而已。《中庸》说："道也者，不可须臾离也，可离非道也。是故君子戒慎乎其所不睹，恐惧乎其所不闻。莫见乎隐，莫显乎微，故君子慎其独也。"意思是：我们时刻都不能离开道德原则，要时刻对自己的行为进行反省。就算是别人不知晓，也绝不做坏事，就算是别人听不见，也不把他人的坏话说出口。不因为过错小而忽略，即便一个人的时候也应慎于自己的言行举止，所谓的君子的教养正是这样。

显而易见，王阳明的"良知"和《中庸》所谓的"道"大同小异。其要旨在于无论什么时候都能够坚持内心的良知，不受困于外物。一个人如果能够做到这一点，不但可以让道德得到培养，其他方面也一定会有超拔不凡的地方。王阳明剿匪之前，兵部尚书王琼曾断言他一定会取得成功，因为他有一股定力在心

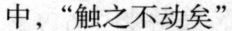

中，"触之不动矣"！

父亲王华对王阳明的学问道德影响十分大，王华是一个真正有修养的君子，真正达到了"不动心"的境地。王华有着广博的学识，于成化十七年（1481）高中状元，后来身任帝师，并且还当过吏部尚书，位高权重，有着显赫的一生。王华有着气质淳厚的品质，从来不说过分的话，宽容待人，修身养性，对人对事的看法从来不因外物而改变。谈笑言议都是出自内心，大庭广众之下对着所有人，他都毫不隐晦。那些知道他的人，发现他从来都没有难以处理的事，不管什么事情，他都泰然处之，从容不迫。

后来，王华退隐了，在家闲居，孝养自己的老母。他的政治洞察力十分强，知道宁王朱宸濠一定会有谋反之意，因此事先就做好了准备，在上虞的龙溪买了一块地，准备急难之时带着家眷避难。后来，朱宸濠果然谋反了。有人劝王华按原计划去龙溪躲避灾难，王华却说："我原先的准备都是为了自己的老母，老母已经不在了，倘若我的儿子不幸遇害，我又为什么要逃？"他还告诫家人一定要有一颗镇定的心，不要惊慌。

其实，当时王阳明由于军务外出，并且开始征剿宁王。当这个消息传来时，有人又来劝王华说："宁王痛恨王阳明，一定会派人加以报复，最好的方法还是去龙溪避难。"王华却很淡然："倘若现在的我还年轻，我一定会上阵杀敌，这个时候，我们更应该守备好，防止贼人的偷袭。"他依然生活从容，无异于平时，人们看见他这样也都很淡定，并不惊慌。

后来，朝廷认为王阳明建立了战功，应该论功行赏，所以嘉靖皇帝开始嘉奖王阳明，而且一起追封了三代并妻，能够世代承袭。当王府收到朝廷封赏的诏命时，正好是王华77岁寿辰，说得上是双喜临门，亲朋好友都来祝贺。这个时候，王华反而不高兴起来，告诫王阳明说："宸濠之变，所有人都觉得你活不下来，但是你还是活下来了。人人都以为你会深陷祸事当中，但是你成功平定了祸事。可是，盛衰常变，福祸相依，我骄傲于你的成功，同时也惧怕你的成功啊！"

王阳明听了这些话，一下子跪在父亲面前，一脸畏惧地说："您的教诲，我自当铭记于心！"没过多久，朝廷正式送达了追封三代的诏命，王华病重在床，于是让王阳明和兄弟们赶紧去门口，教导"礼不可废"，在完成所有的仪式以后，王华满脸欣然之色，安心逝去，享年77岁。

那个时候，王阳明不仅可以听到"存养"的妙味，还可以窥见"存养"的妙用。看到了妙用，才是真功夫！

静察己过，勿论人非

不要轻易地谈论他人的是非，古人曾经说过："反省自己都没有空闲时间，哪有什么工夫检点别人。"孔子也有过"躬自厚而薄责于人"的言论，意思就是说，我们要静察己过，而不要随意地对他人发表议论。"勿论人非"告诉人们应该理性地思考为人处世的方方面面。

祖孙二人买了驴子之后，孙子先骑着走，别人拿孙子不孝敬爷爷来说事。于是，爷爷只好骑着走，有人却又指责爷爷不疼爱自己的孙子。他们俩都不骑了，但是还是有人说他们十分傻，有驴不知道骑。祖孙两人同时骑着驴的时候又有人说他们不爱护动物，因而指责他们。结果，他们俩再也没有办法了，只好扛着驴走。

祖孙俩之所以无奈，是因为他们被"是非"深深地纠缠着。"是非"本身就非常无聊，根本没有任何意义，但是很多人就是喜欢在别人背后搬弄是非。殊不知，背后议论别人并不是什么值得夸耀的事情，也不应是正人君子的所为，我们应该光明磊落地做人，有什么话就当着别人的面说，不要在暗地里做伤人的事情。我们应该明白，一味地搬弄是非在害了别人的同时也伤害了我们自己，这样非但不会提高自身修养，反而会让人看不起你。

一个人越是喜欢议论别人，自己身上的缺点就越多，他们不能正视自己，不敢对自己进行批评。这种程度越深，他们就越不能改正自己的缺点，长此以往，缺点只会增多，到头来既无益于自己，对他人来讲影响也不好。"正己才能正人"，如果对自己都不能自律，又有什么资格去要求别人呢？

王阳明认为，是非相差很近，"所争毫厘耳"。事实就是如此，本质的变化往往就在那毫厘之中。有句话叫"失之毫厘，谬以千里"，好坏、对错、是非是瞬间的事情。那么，既然知道事实如此，就应试着少评论是非，多省察自己。

朋友相处，常见自家不是

"好高"是很多人都有的毛病，如果只是注重观察别人身上的毛病，那么会越来越轻视别人，在他们看来，那些能够成功的人全部都有缺点——刘备是"伪君子"，曹操是"小人"，刘邦是"小瘪子"，朱元璋是"暴君"等。不管是王侯将相还是名家大师，他们都没有几个能够看上眼的。他们通常也会如此地对待身边的人，认为老板有什么了不起的，不过是一个傻蛋而已。上司有什么了不起？我要是上司，我也行。他们对别人的缺点百般挑剔，也许有利于培养优越感，可能自己会更加自信，但是却错过了学习他人优点的机会。而且，如果用错觉来建立自己的自信，是不会得到真正的自信的。

"常见自家不是"是王阳明对于朋友相交的建议。能够相互交流情感的才是朋友，而不是为了一争高低。朋友之间可以相互提高自身素质，相互学习，而不是为了争论孰是孰非。只有及时发现自己的不足，才能对症下药。

如果发现朋友有缺点，那么就有义务去"点化"一下，但你要对你的朋友足够真诚。孔子说："信而后谏，未信则以为谤己也。"要让别人改正缺点，必须要先让别人信任你，不然别人会认为你在诋毁他。如果连自己的缺点都看不到，你的真诚又怎么会打动你的朋友呢？

有的人认为王阳明的每句话都有据可依，意思就是他虽然读了很多书，却没有多少发明。从另一个角度讲，也可以认为他综合了各家各派。"善者固吾师，不善者亦吾师"这句话是依据老子的《道德经》而来的——"故善人者，不善人之师；不善人者，善人之资。不贵其师，不爱其资，虽智大迷。"但是他的用意还是来自《论语》的——"见贤思齐焉，见不贤而内自省也。"

孔子的意思十分好懂：我们可以借鉴别人的优点，用他们的错误来避免我们犯同样的错误。就像王阳明的观点：如果别人的话多，我也会想想自己，我自己也经常有很多话吗？看到别人老是自高自大，我也会对自己进行省视，我也如此吗？朋友之间可以相互提高自身素质，相互借鉴优点、改正缺点，岂不是有很大的好处吗？

老子的话说来说去只能够得出一个结论："善人"能够给"不善人"做师父。"善"就是好的意思，它的解释一为善良，一为擅长。不论有好的德行还是好的学问、好的技艺，都有让别人学习的地方。"不善人"怎么也不可能是"善人之资"。

善与不善，一阳一阴，互求互动，一个圆满的、生机勃勃的世界正是由这些构成的。明末学者程登吉说："独阳不生，孤阴不长。"如果只有一类人，那么不能不说这是个灾难。而且，每个人都具有"善人"和"不善人"的双重特征。因此，"善人"不用轻视"不善人"，不然就相当于是轻视自己；"不善人"也不用嫉妒"善人"，不然就相当于嫉恨自己。只有聪明的人才能认识到这一点，那些对"老师不珍惜"和对"资源"不重视的人虽智大迷。

王阳明主要谈论的是对于"老师"的珍惜，而他办书院、为官、带兵，其"创业资源"都需要"不善人"。每个人都有一技之长，有真知灼见，孔子说人人都可以当他的老师，难道没有资格做你的老师吗？假如你认识到这一点，多多关注朋友的优点，那么，你不仅能收获颇丰，也能让朋友之间的关系更加融洽！

自省是涤荡心灵的清泉

王阳明在年少的时候曾去游历居庸关，他沉醉于大漠风光之中，回来之后把自己以几万人马讨平蒙古的志向告诉了父亲，当时，父亲就对他的狂傲进行了批评。在那之后，通过对自己进行省视，王阳明认识到自己是错的。王阳明善于对自己进行省视，他每天的任务都包含"格物穷理"。但是并非一天两天就能让格物产生成效的，不断"格物"的时候，王阳明也通过对自己进行省视、反思一次次地将自己的理论进行仔细的思考并推翻它，最后才建立了心学。而王阳明的成功也正是他善于反躬自省的结果。

王阳明认为：人要经常对自己进行省视，如果一味地指责别人，你就只会在乎别人犯了什么错误，因而忽略自己的缺点。只有对自己进行省视，才能正视自己的不足，也就不会指责别人了。一个不善于对自己的过错进行反省的人，总是把过错推到别人的头上，抱怨上天不公平，却难以反省自己。要知道，成功是不会眷顾这样的人的。

有人对反省自己的作用表示怀疑，认为怎么样反省都没有什么改变。其实，反省之后，就能让我们心中受俗世纷扰的尘埃溜走。

一家住着爷孙两人。爷爷每天早上都会在厨房的桌边坐着读书。有一天，孙子问爷爷："爷爷，我尝试过像你一样读书，但是我并不懂得书里面的意思。好不容易理解了一点，但是合上书我便又马上忘记了。这样能收获到什么呢？"爷爷平静地往火炉中加入一些煤，对孙子说："去河边用这个装煤的篮子打水回来。"

孙子照着爷爷的话做了，但是当他回来的时候，篮子里的水早就已经漏完了。孙子看了看爷爷，满脸疑惑。爷爷只是看了一眼空篮子，开始微笑："你跑快一点再试试。"因此，孙子把速度加快了。但是他回来一看，篮子里的水依然早就漏光了。他告诉爷爷："不可能用竹篮子打水的。"然后，他把一个水桶拿过来。爷爷对他说："我当然是要这一篮子水，而不是一桶水。你可以做到的，你需要的只是竭尽全力而已。"然后，他让孙子重新再来。

不过，孙子仿佛知道竹篮是不能打到水的。虽然他跑得很快，可是，当他跑回来时，篮子里的水还是丁点都不剩。孩子已经在喘气了："爷爷，你瞧，这根本就是徒劳。""你真的认为一点儿用处都没有吗？"爷爷开始笑了，"你往篮子里看一看。"孩子看了看篮子，发现它和先前不同了。篮子变得十分干净，看不到煤灰的影子了。"乖孩子，你读书也是如此，可能你并没有记住什么，只不过，当你读书之时，它就在影响着你，让你的心灵得以净化。"

实际上，心灵的书是我们每个人都需要读的，即便我们不记得书中的内容，它也依然会使我们终身受益。这是因为我们的心灵会得到陶冶。完善道德的重要方法便是对自己进行反省，它是一股清泉，可以涤荡心灵，让光芒充满心灵。当我们迷路、深陷罪恶之中、灵魂扭曲或自鸣得意的时候，自省的作用就是清泉，涤荡干净了我们思想里的浅薄、浮躁、消沉、阴险、自满、狂傲等污垢，让清新、昂扬、雄浑和高雅的旋律得以重现，使我们的生命重放光彩，散发生机。

要想纠正自己的过失，就需要发现并且承认自己的过失。我们常常难以发现自己的缺点，只有通过别人指出来才知道自己的缺点。这就要求我们面对别人的指责时应持有平常心，主动对自己的过失进行反省。

俗话说："忠言逆耳利于行。"宰相魏征便是唐太宗李世民的一面镜子。正是因为这位忠臣敢于直谏，唐太宗才能及时改正自己的缺点，完善治国之道，这也是唐朝的昌盛的原因之一。业绩辉煌，自然和魏征的敢于直言分不开，更应归功于李世民胸怀的宽广，我们可以想一想，如果他是一个昏君，对于别人的意见丝毫听不进去，魏征就有可能被杀了。正是因为他听取了魏征的谏言，能够认真地对自己进行检讨与反省，才能使那些谏言最终有助于治国安邦。

对自己进行反省是一次解剖自我的痛苦过程。就好比人亲手拿刀将自己身上的毒瘤割掉，这需要巨大的勇气。能够认识错误是不难的，但时刻保持坦诚的心面对错误却非易事。懂得对自己进行省视，这是大智慧；敢于对自己进行省视，这是大勇敢。割毒瘤的疼痛也许会十分难忍，并且会留下伤疤，但是根除病毒的唯一方法就只有它。只要"坦荡胸怀对日月"，心中一直光明，自然就会增强对自己进行省视的勇气。王阳明说良知，就是明心见性的意思，其实便是说以心为理，什么都在心中，所以只要心中对自己进行省视，就是致良知了。

孔子曾经教导我们："君子之过也，如日月之食焉。过也，人皆见之；更也，人皆仰之。"这句话的意思是说，太阳在日食过后变得更加辉煌，月亮在月食复明过后变得更加皎洁，君子的过错如同日食和月食，是每个人都能发现的。倘若能够改过，人们便会更加崇敬你。

反观自身，不断自我提升

自省像一面镜子，可以照亮心灵上的污点，从而照亮前进的路途。工作的时候，很多人怨天尤人，却不找自己身上的原因。寻找失败的原因应从多方面下手，并有针对性地对自己进行省视，这样才能纠正错误。

孔子说："见贤思齐焉，见不贤而内自省。"王阳明十分赞同孔子的这句箴言。看到贤人应该学习，看到不好的地方应进行自我反思。一个人只有严于律己、宽以待人，不断对自己进行省视，不断完善自己，发展自己的优势力量，才能成为成功的人。

我国初唐著名诗人陈子昂出生于梓州射洪（现在的四川省射洪县），在年幼的时候，他就跟着父亲到了长安。由于父母的娇惯，他到了十几岁时仍然不喜爱读书，每天只喜欢和朋友打猎游玩，或者四处找人斗鸡赌钱。

时间一天天过去了，陈子昂不断长大。父母这才发现自己的宝贝儿子留恋玩乐，一无所长，并开始担忧他的前途。父母看不下去他平日里的行为，多次劝他改掉身上的恶习，把心思放在读书上面。但是陈子昂悠闲玩乐惯了，根本就听不进去。

有一次，他外出游玩，在一家私塾的窗外无意中听到老师说了这样一段话："一个人的品德决定他未来得到的是光荣还是耻辱。享受荣誉的是那些品德好的人，品德坏的人只会蒙受耻辱。如果一个人总是纵容自己，有着傲慢的举止，总是不学无术，就很难得到他人的尊敬。如果你的目标是成为一名君子，一定要做到博学多才，还要经常用学来的道理检点自己。不断坚持，就会增加自己的学问和知识，也不会再有行为上的过失了。有这么一句俗话：'少壮不努力，老大徒伤悲。'在生活之中，我们总是羡慕别人的成功，却不知道下苦功夫才是人家成功的原因！想得到学问，却不想经过努力，那就如同缘木求鱼一样可笑、幼稚。"

虽属无意，但这番话深深地触动了陈子昂的内心。他不再执迷游玩，立刻回到家中对自己进行反思，因为自己以前做过的荒唐的事情而感到后悔。此后，陈子昂毅然断绝了与原来那些朋友的来往，放掉了自己饲养的各种动物，终日与书为伴，勤奋刻苦地学习，终于成为初唐著名诗人而流芳百世。每个人都需要对自己的行为进行反思，如果少了反思，陈子昂要成为留名千古的大诗人恐怕是不可能的。只有适时地清理内心的"乌云"，经常反省自己，去除负面因素，吸取以前的教训，避免类似的事情再次发生，才能取得成功。

　　王阳明和学生对"中"进行讨论，他并不认为"中"就是物，而认为"中"应该是学者加强涵养、省视自身时的景象。时时寻找和守定这种自省的景象体现在君子修德、学者求学、圣人得道，乃至君主治国之上。背离这种景象，就难免会落于私欲的俗套。只有不断对自己进行省视的人才能不断地提升自身。一个人学习进步的能力究竟如何，靠他对自己进行反省的能力就能发现。如果一个人能不断自省并且找到自己的优势，且能充分发挥自己的优势，那么他一定能够在这个领域做好，一定能获得成功。

　　我们的失误不是因为我们的优势不够，而在于我们不能够充分地发挥自己的优势。王阳明亲自实践的圣人之路，告诉我们每个人都有成为圣人的机会。虽然世界上不存在完全相同的两片树叶，每个人都具有不同的天赋，但是每个人都有优点。

　　我们的时间、精力都是一定的，把所有事情都完成得很好是不可能的，但是做好其中的一件事还是有可能的。这就告诉我们，一个人要能够发现自己的优势。只要做最好的自己，你就能够把其他人都比下去。

君子改过，人皆仰之

　　我们在工作和生活中难免会犯错误，其实，犯错没有什么大不了的，敢于承认自己所犯的错误才是最重要的。我们总是怕丢掉自己的面子，避而不谈自己的错误，放任错误一再错下去。事实上，只要我们能正视自己的错误，并勇于改正，就会得到大家的尊重。

　　王阳明在《寄诸弟》中曾经说过："一念改过，当时即得本心。人孰无过？改之为贵。"这句话的意思就是说，大多数的错误都是由我们的不小心造成的，"就算是圣人也不可能一次错误都不犯"，但是只要把一念之过改了就是好的，就可以得到本心，找回真正的自我。只要愿意改正错误，便可赞扬，如此来说，正视错误、敢于纠正自己错误的人才是最值得尊重的。

　　春秋战国时，赵国有一文一武两大干将。武将廉颇屡次出征战胜齐魏等国家，因善于带兵打仗而出名。文将蔺相如则有胆识与谋略，在凶悍的秦王面前镇定自若。他曾两次出使秦国，第一次是我们众所周知的完璧归赵事件，另一次则是和赵王一起去参加"渑池大会"。这两次都令赵王春风得意，秦王再也不敢把赵国不放在眼里了。因此，赵王两次提拔蔺相如，使他的地位在廉颇之上。

廉颇因此对蔺相如很不满意。他觉得蔺相如没有多大能耐，只是嘴上的功夫而已，而认为自己才算得上是赵国的大功臣！他这么对别人说："假如我遇见了蔺相如，定要让他知道我的能耐，看看他还能将我们怎样！"这话被蔺相如听到了，他竟然装病不去上朝，防止与廉颇发生矛盾。他还对手下说，若是以后遇见了廉颇的手下，一定要给面子，不要发生争执。有一回，蔺相如外出办事，恰巧遇见廉颇从外面回来，蔺相如竟然令马夫将车子赶到角落里，让廉颇的车先走。

蔺相如的手下对此非常不满，都说蔺相如怕事儿，惧怕廉颇，然蔺相如却淡淡一笑，对手下说："廉颇和秦王谁更厉害一些呢？"手下毫不犹豫地说："肯定是秦王啊。"蔺相如接下来说："我连秦王都不怕，难道会怕他吗？要明白，秦国现在之所以不敢打赵国，是因为我们团结。我们俩就像国家的两只老虎，两只老虎若是闹起来了，必然会有一只受伤，这样肯定就给了秦国攻打我们的机会。你们仔细思考一下，是国家的安危重要，还是自己的脸面重要？因此，我选择谦让点儿。"

这话被廉颇听到了，他非常佩服蔺相如。一天，他赤裸上身，背着荆条去蔺相如家请罪。后来，他俩成为了好朋友，一文一武，共同保卫着赵国的安危。廉颇不但是一员猛将，同时也是一名勇士，一个能勇敢正视自己的错误、承认错误以及改正错误的勇士。

有错就改，这是我们从小就知道的道理，可是由于面子的问题，大多数人就算知道自己错了，仍然不愿意认错。一味地逃避问题是需要花费大量时间和精力的，与其浪费这么多的时间和精力，还不如自己勇敢地为错误"买单"，并把它当作一个教训。因此，在前进的路上不要害怕犯错误，若是在犯错之后学会勇于承认并改正错误，那么你所经历的挫折将会越来越少，成功的道路也会越来越顺畅。

西汉时期有一个叫程文矩的人，他的妻子意外离去，剩下四子。后来，娶了李穆姜为妻，并且生有两个儿子。程文矩去世后，李穆姜承担了所有的家务和孩子的教育。作为后母，她对程文矩之前的四个孩子非常关爱，甚至超过了对自己孩子的爱。可是，这四个孩子却不懂得珍惜，老是与她作对，觉得她十分虚伪。

时间久了，有人劝说李穆姜不要再这样下去了。李穆姜却说："我是用礼仪教育他们，不想让他们走弯路。"有一次，程文矩的大儿子生了重病，李穆姜特别伤心，她不但四处求医，还亲自给孩子煮药。在李穆姜的悉心照顾下，大儿子渐渐康复了。李穆姜的行为打动了大儿子，他不但向李穆姜道歉，还对其他三个兄弟说："继母如此善良，我们竟然不领情，真是猪狗不如。即使母亲不责怪我们，并且对我们更加好，我们的错误也是无法原谅的。"四兄弟感到很悔恨，于是就去掌管刑法的官员面前请罪了。最终，事情竟然传到了汉中太守的耳朵里，太守嘉奖了李穆姜，并且让四个孩子改正错误。在李穆姜的严格教导下，四个孩子都有所成就。

在人的一生中，错误是不可避免的，问题是我们应该如何面对错误。首先要勇敢承认错误，如果连承认错误的勇气都没有，其后果肯定会越来越严重。如果能够真正地认识到自己的错误，并对其进行改正，那么，错误对于我们来说就是上帝的恩赐。要明白，错误改得越快，我们的自身越容易得到提高。

自省吾身，常思己过

有事省察，无事存养	静察己过，勿论人非	朋友相处，常见自家不是
（省察是有事时存养，存养是无事时省察。）	（是非之悬绝，所争毫厘耳。）	（朋友相处，常见自家不是，方能点化得人之不是。）

终日不忘反省

（悔悟是去病之药，然以改之为贵。若留滞于中，则又因药发病。）

自省是涤荡心灵的清泉	反观自身，不断自我提升	君子改过，人皆仰之
（学须反己。若徒责人，只见得人不是，不见自己非。若能反己，方见自己有许多未尽处，奚暇责人？）	（善者固吾师，不善者亦吾师。且如见人多言，吾便自省亦多言否？见人好高，吾自省亦好高否？此便是相观而善，处处得益。）	（一念改过，当时即得本心。人孰无过？改之为贵。）

（注：以上引文皆出自《传习录》。）

第六章
清心寡欲，知足常乐

　　"只要去人欲、存天理，方是功夫。静时念念去人欲、存天理，动时念念去人欲、存天理，不管宁静不宁静。"

——《传习录》

正确对待欲求

王阳明作为不拘一格的儒学大家，他的整个哲学思想体系都是建立在儒学的基础上的，同时，他也兼收佛家和道家的观点，有自己的特色。如《传习录》的"只求日减，不求日增。减得一分人欲，便是复得一分天理"，沿袭了《道德经》的"为学日益，为道日损，损之又损，以至于无为"。

积累知识是每日做学问必须做的，要想提高修养，就要想办法克制自己的贪婪，多减少一点贪婪，就会多一分精进，长此以往，自然会做到顺其自然，这就是老子所说的"无为而无不为"、孔子所说的"从心所欲"、释子所说的"圆觉"的大自由境地。到了这个境界，每个举动都会变得顺理成章，为人处世不就"轻快洒脱"了吗？

"天理"这两个字虽然来自宋代理学，但与道家的"道"、儒家的"天道"、佛家的"佛道"一样，只是叫法有区别。即使在含义上有一些不同，也没必要去深究，根据现代哲学家的观点，把它解释为"自然规律"也没有什么不可以的。减"人欲"跟复"天理"的联系在哪儿？若是一个人的欲望太过强烈，就很容易被欲望蒙蔽自己的心智，使得人既不能正确地看待自己，也不能正确地看待外界的一切。打个比方，刚生下的婴儿几乎没有什么欲望，他们只懂得吃睡，他们的需求得到了满足就很安分，若是不满意便放声哭叫。他们很容易满足，而且不用想着怎么去分辨人和事的好坏，不用、也不会去想他人对自己的看法，因此婴儿们在大部分时间都很开心。根据调查研究，婴儿每天平均微笑的次数达到 300 多次。但伴随逐渐增大的欲望，得到的总是比想要的少，因而他们常常感到不满足，这样就产生了烦恼。为了让自己不烦恼，人们不得不想办法追求所需要的，思想和行动在欲望的带动下不自主地发生了变化——就因为小小的虚荣心。眼睛总是看着他人的生活，有人加薪水或是晋升或是买了一套漂亮的衣服，这些和自己无关的事使得他们烦恼无比；为了得到大家都想要的名车、洋楼，而背负上"车奴、房奴"的身份；为了他人口中的"小资生活"，宁愿拼死拼活，把自己变成跟牛一样……

每满足一个欲望后，又会冒出无数个出来，暂时的快乐还没来得及享受，就又必须进入下一轮追逐之中，因为欲望总是无止境的。最后，每个人都成了每天受欲望牵制的没有主见的蠢驴，在时间的单行线上漫步，已经忘记了活着到底是为了什么，忘记了自己究竟有什么目标，烦恼再也无法割舍，幸福变得越来越遥远，甚者连拥有一个美好的心情都成了奢望。

那么，怎样才能让心灵重获自由呢？

显然，一心满足物欲的追求是不可取的，因为那根本就是一条不归之路，唯独反思，着手灭掉欲望。少一点欲望，便会有一条绳索得到了解脱，当欲望少到一定程度的时候，就到了老子所说的"复归于婴儿"的地步，便会得到心灵的放松。那个时候，一颗冰糖就能让自己满足，幸福自然会降临，这样去生活，怎么会不"轻快洒脱"呢？

欲望和幸福总是成反比的。东西方哲人对欲望和幸福的反比关系有相同的观点，孔子说"贫而乐"，老子说"圣人为腹不为目"，而苏格拉底说："接近上帝的人都是需求极少的人。"这是为什么呢？人真正追求的是很少的东西，住、睡、吃都需要的不太多，如果所享用的物质多过真实需要，就会成为累赘，正如老子所说的："五色令人目盲；五音令人耳聋；五味令人口爽；驰骋畋猎，令人心发狂；难得之货，令人行妨。"吃饭是必需的，但不利于身体健康的美味佳肴怎能天天吃，那会有何好处？

动听的音乐每个人都喜欢，但是，若流行音乐在大街上不停地放，就会成为噪声。人是需要适可而止地玩乐的，但过多地玩乐，又能体会到多少快乐呢？王阳明所说的"去人欲"不等同于做一个不食人间烟火，看破红尘、没有欲望的人，而是要使欲望与自己的真实需求相贴近，不沉迷于假的欲望之中。

那么怎么才能使欲望减少呢？

王阳明在《传习录》中说："私欲日生，如地上尘，一日不扫，便又有一层，着实用功，便见道无终穷，愈探愈深，必使精白无一毫不彻方可。"作为遵循惯性的人，当你有了想要认真追求的欲望时，就难以停止下来，到最后，如果没有填满欲望，就会弄得鼻青脸肿、头破血流。很多有才干的人之所以变成了"不撞南墙不回头"的固执者，就是因为这个，就像佛家说的"一念可缠缚菩萨"。惯性要怎么治疗呢？当有某个欲望要出现时，应该先问问自己：这有那么重要吗？比如，去酒吧、去迪厅、去染发的人赢得了大部分人羡慕的眼光，于是，相互攀比的心理出现了，而且还会用"不懂时尚"的标签折磨自己。那么，你可以扪心自问：难道身上没有流行元素的装饰就不是时尚吗？别人的看法比自己的真实需要还重要吗？难道这些肤浅的形式就是时尚的代表吗？在一次次的反问中，你的内心在经过清醒之后变得透亮，那种不受物体的牵累、娴静的轻松快乐也会自然而然地产生。

每一分每一秒，人都可能产生欲望，生起欲望的同时也就萌生了心尘，而这些都需要自身的修养来时时清扫，这就是所谓的修身养性！而自此也开始了所谓的幸福。过多的欲望是没有一个人能把它全歼灭的，心灵也不可能被打扫得干干净净，那要怎么做？或许，能为你解惑的只有唐代高僧鼎州禅师的话：秋天，树叶随风飘落在地上。这些枯叶被佝偻着身子的鼎州禅师一片片地捡起来，并被装进了袋里。"师父！您别捡了，我们明天会打扫的。"一位弟子说道。鼎州禅师不当回事儿地说："那可不能这么说，我每捡一片，地上就多了一份干净！"

"这么多的落叶，您一边捡它一边落，什么时候才能捡

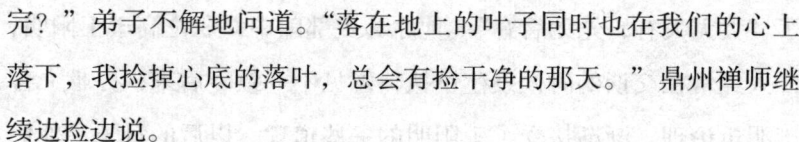

完？"弟子不解地问道。"落在地上的叶子同时也在我们的心上落下，我捡掉心底的落叶，总会有捡干净的那天。"鼎州禅师继续边捡边说。

确实，人纷杂的欲望就像飘进心里的秋天枯叶，根本不可能在短时间内捡完。但捡总比不捡好，这样，幸福才能跟着增加。以这样的心情来修身，每天都会进步一点，若想要"接近上帝"的飘然洒脱，全在这每天的小进步上！

养心在于寡欲

有一个"抓沙子"的游戏，很多人都想把沙子牢牢地抓在手里，于是他们用了很大的劲去抓，但是反而越紧越少。事实上，想要抓住更多的沙子，只要用手轻轻托着就好。

柳宗元是唐代文学家，曾写过名为《蝜蝂传》的文章，文中讲述了一只比较擅长于背负东西的蝜蝂边走边把看到的东西托在自己的背上，并一直前进。由于它的背比较特殊，背上的东西不容易掉下来。所以，尽管背上的东西已经很多了，但是它还在一直往背上扔东西，最终它再也站不起来了。若控制不住欲望，想抓住的越多，失去的也就越多。

王阳明有一个学生叫方献夫，他寻找圣人之道的过程也证明了"大无大有，先无后有"。他原为吏部郎中，职位高于王阳明，二人经常在交谈的时候发生争执，意见不一致。后来，方献夫善于明析论理，渐渐接受了王阳明的一些道理。以后的日子，他们也常在一起探讨，方献夫对王阳明的圣人之道的赞许程度已经达到了让自己五体投地的地步，因而他在王阳明面前只以门生相称，十分恭敬。

王阳明赞许献夫脱俗，因为他已完全领会了"超然于无我"和"大无大有"，懂得"无"这一境界只有通过学会去屏蔽去舍弃一些不必要的东西才能达到。方献夫靠"无我之勇"，在短时间内实现了三次"飞跃"。王阳明曾发自内心地感慨："圣人之学，以无为本，而勇以成之。"

人的内心总会有杂物，先是有"无"和"有"，后又有"大无"和"大有"，这些都是在遵循一个道理：期望越低，获得越多。

人活一辈子，一点欲望也没有是不可能的，但如果物质欲望太强，就会变成物质的奴隶，一生都过得很压抑，举步难行。因而，每个人都要懂得适当取舍，也要懂得适时满足，因为心灵是脆弱的，要轻装上路。

有这样一个故事：

以前，有个人得到了一张藏宝图，上面标明宝藏在密林深处。于是，他立即准备好所需的物品，尤其是为了装宝物，他还特地找了四五个大袋子来。之后，他便出发了。

他斩断拦路的荆棘，勇敢地蹚过河流，艰难地走过沼泽，终于发现了第一个宝藏，屋子里的金币闪闪发光。他赶紧把袋子掏了出来，装走了所有的金币。临走时，门上的一行字映入了他的眼帘："知足常乐，适可而止。"

他心里偷笑道：谁会傻乎乎地把金币丢下呢？于是，他背走了所有的金币，赶往下一个藏宝点。在这里，堆积成山的金条出现在他的眼前。他高兴极了，于是又把所有的金条装进袋子里。等装到最后的时候，他看到这样一句话："珍惜你现在所拥有的，不要奢望更多。"

他扫了一眼后，想都没想就直奔第三个藏宝点而去，果然，那里有很多宝石。这时，他的眼里满是贪婪，还是没有控制住自己的欲望，把钻石收入囊中。突然，他又发现了一个小门，他想：一定有更值钱的在等着我。于是，他丝毫没有犹豫地把门打开，并跳了下去，但没有想到的是，下面根本没有财宝，只有流沙。他想从流沙中挣脱出来，却做不到。最终，所有的财宝都被流沙所吞噬。如果他能多思考一下看到的提示，那他可能会真的变成富人，拥有平安富足的生活。

物质上永无止境的渴望追求更多是种病态，权力、地位、金钱多为其病因。如果不对这种病态进行控制，那么他就会有更多的欲望，永无尽头。如果我们注定只能抓住世间的一点点，那又何必让自己得不偿失呢？

王阳明曾说过，唯有不从心底产生好色贪财之邪念，才能彻底杜绝这些。《伊索寓言》中有这样一句话："有些贪婪、欲望无止境的人在追寻更多的东西时，却把更多的东西葬送在了贪婪之中。"

因此，我们应该明白一个道理：就算你拥有整个世界，你每天也只能吃三顿饭。这是一种人生的彻悟，谁能理解它，谁就能轻松地活下去，天天轻松自在，晚上可以睡个安稳觉，最终，不给自己留一丝遗憾！

财富是外形，心是快乐的根

有一次，王阳明的学生陈九川生病了，王阳明前来探望他，问道："自从你生病以后，你有没有觉得格物穷理比以前更困难了呢？"他的学生答道："这个道理我确实还没完全领会。"王阳明说："经常让自己保持快乐也是一种功夫。"确实，保持乐观快活的心很不容易。人生中不如意事十之八九，疾病、失业、爱情等这些烦恼让我们很难快乐。从陈九川的角度看，格物穷理原本就不容易，现在身体不行了，难度自然更大了。但事实上，王阳明的意思是：内心才是主要的，过得好不好与外物的关系很浅。

人们的心情可以被物质的好坏所影响。但是，拥有高智慧的人却可以通过自己来改变心情。这些人有着自己的准则和良好的修养，他们不会因为有了堆积成山的财富而变得快乐。快乐是身心愉快的表现，离开了痛苦便是快乐，同时，快乐也是人的基本需要之一。快乐与很多外在的东西，如金钱、社会地位等都毫无关系，而只与一个人的内心息息相关。人们可以因为物质生活得到满足而快乐，但是一定要掌握适度的原则，不然，这样的生活以后也不会再快乐，不会安宁。

很久以前，有一个以打柴维持生计的樵夫。他每天都在奔波忙碌，家里却并没有过上好日子。他的妻子盼望他们可以早日脱离苦海，因此日日祈福。也许是老天有眼，幸运降临到了他们家。有一天，樵夫在树下发现了一大包金子。瞬间，樵夫变成了有钱人，他用这些金子置办了家业。朋友们纷纷前来祝贺，想要讨好他们。

本来，樵夫遇到这样的事应该很高兴，因为他体会到了荣华富贵的滋味。然而，他没高兴多久就开始郁郁寡欢起来。

他的妻子很担心他，也很疑惑，便问道："我们现在什么都不愁了，你怎么还哭丧着脸呢？你受穷是上天注定的，丧气鬼！"樵夫听后不高兴地答道："你懂什么呀？每个人都知道我们得到金子了。万一有人来抢怎么办？我们一定要找个更安全的地方把金子藏起来。"他老婆听后，认同了他的看法，于是他们开始找最安全的地方。这让他们很纠结，为了找到一个更安全的地方藏"意外之财"，他们的生活变得越来越不安宁了。

很显然，故事里的樵夫并不高兴，因为他认为金子很重要。但事实上，在人的一生当中，名利什么的都是附属品，就算你得到了金子，也难以满足。相反，刻意的追求恰恰丢失了美好的生活，如此一来，得比失少。

孔子说颜回："贤哉，回也！一箪食，一瓢饮，在陋巷，人不堪其忧，回也不改其乐，贤哉，回也！"颜回在短短的一生当中和孔子一起周游列国，虽满腹经纶，但一直坚守着清贫的生活，算得上是典型的乐由心生、无须附丽的人了。当我们感慨时运不佳、命运不公，并认为快乐来自名利的时候，那真是一件悲伤的事。快乐其实就在我们每个人的心中，只要我们用心去寻找。王阳明说过，乐是心的本体，心灵才是快乐的归宿。一掷千金的快感不是快乐，珍惜生命才是真正的快乐。学会感恩，学会感激生命，感激大自然的一切，忘记经受过的痛苦才会感受到快乐。

要想过得逍遥自在、豁达洒脱，首先要把自己变成一个有修养的人，一个品格良好、心灵丰富、对他人有益的人，只有这样，我们才能消除内心的一切紧张因素，从而做到发自内心地享受生活所带来的乐趣。

无论在什么情况下，都要有"临清风，对朗月，登山泛水，肆意酣歌"[①]的心态，学会享受，穿行于绿水青山之中，没有一丝牵挂，让快乐充满内心！

---

① 出自唐代史学家李延寿的《南史·梁宗室萧恭传》。

在名利中寻回单纯

　　王阳明虽然曾受到过刘瑾等人的多次迫害和打击，但是这一切都没有使他改变自己救国的雄心。他一直都用一颗追求真理的、虔诚的心去面对官场中的种种困难处境。他的信念是那么坚定，任何事情都未曾让他减少救国之志。在封建官场的残酷的尔虞我诈之中，他深受残害，但这都不能阻碍他，他仍然坚持"在其位，谋其政"。他还会在闲暇时间传道授课，传播知识。粗茶淡饭，面对老天，面对土地，其乐融融。对他来说，财富名利根本不值一提。

　　人生无常，世间万物也会遭到破坏。要控制好自己的心，不要痴迷于一些身外之物，如果心中对财富、地位念念不忘，则人的一生不仅不会快乐，还会一直处于痛苦之中。有些人就是因为总在利益里打滚，因此很多时候都身不由己。

　　玉寅生和三乌从臣的关系非常好，他们贫穷，所以用贫困来互相激励。玉寅生对三乌从臣说："像咱们这样的人不应同流合污，如果以后当官，绝对不能够与恶势力同流合污。"三乌从臣答道："我赞同你的观点，我们不能像小人一样巴结权贵。既然咱俩志同道合，那咱们现在就一起发个誓怎么样？"玉寅生答应了，于是他们照惯例把鸡血涂在嘴唇上："我们二人现在起誓，以后决不贪念名利，不被利诱，不趋炎附势来扭曲我们的品性。一旦有人违背了誓言，就让他遭受神明的惩罚。"

后来，他们一起到了晋国，并且都当上了官。玉寅生又回想起以前发过的誓言，三乌从臣说："我们曾经一起许下的誓言还常在耳边，不可能忘记！"那个时候的赵宣子很受晋王的宠爱，当时的人都争着去巴结赵宣子，渴望得到他的推荐并且希望能够得到国君的赏识。赵宣子的府前每天门庭若市。过了一段时间，三乌从臣开始后悔发了誓，因为他也想去巴结赵宣子，但是又怕破誓。在经过很长时间的纠结之后，他决定立即去拜访，防止别人嚼口舌。第二天，鸡刚打鸣的时候，他就整理好衣冠，来到了赵府。

但是，当他仔细打量府中的环境时，看到早已有个人端坐在正门前的东边长廊等待了，他走近一看，发现对方竟是玉寅生。两人见面很是愧疚，便匆匆退下。他们俩都为了满足自己的种种欲望而违背了当初立下的誓言。富贵之人学道比较难做到，这很容易理解，因为拥有财富的人容易丢失道心。我们的生活中有很多人在没有学识和地位之前都拼命地努力，为了争取他人的认可努力发挥自己的能力。但是，等他们得到了自己想到的东西之后，却忘了当时的困顿，这正是因为他的心已经被虚荣所蒙蔽。

因此，人心不能被虚荣所蒙蔽，这是不能设想的。拥有大智慧的人往往视人生中的金钱、地位为浮云，而被权力欲望迷惑的都是愚笨的人。虚名能够给人带来虚荣心的满足，因此，生活中经常会发生各种争名逐利的事情。但事实上，虚名一文不值，没有任何意义，如果为了名利而增加自己的烦恼，那绝对不是明智的选择。

不要被虚荣所支配，要在社会的名利中"出淤泥而不染"，要脚踏实地努力摆脱自己内心的沉重包袱。

荣辱毁誉皆泰然

所有的事情都是利益往来。贪婪的人追求的是外在的物质生活、华丽的服装、醉生梦死的享受，到最后什么也留不下。抛开功名利禄，不看重荣辱，王阳明认为"渊默"才是自己的人生态度。"渊默"的理念体现了"众人嚣嚣，我独默默，中心融融，自有真乐"的脱俗境界。

不管是做学问还是过生活，王阳明认为都必须保持一颗清澈的内心，不要为名利所困扰，不能对得与失计较得太多，他对于"渊默"的理解则刚好是他做学问的境界。可是在现实中，有的人贪财到了极端，有的人施舍到了极端，这些行为都不是"渊默"应该有的。能够拥有财富是懂得取舍，吝啬、贪婪的人应该知道，因为没有撒下种子，所以就不会收获什么。积德行善的事情应该很自然地去做。如若不然，行善的目的就不纯粹了。

有个人对妻子的吝啬小气很不理解。他求助于自己的好朋友："我的妻子很小气，我要做一些积德行善的事情，她却一点钱也不给我，你能使我妻子有所转变吗？"朋友听他说完，二话没说就答应了。

朋友来到这个人家里做客，他的妻子迎出来，连一杯水都没有用来招待好朋友。看到这样，朋友把手攥成拳头："嫂子，你怎么看待我的手天天都是这样的呢？"他的妻子回答说："要是每天都这样，肯定是有毛病！"

"是啊，这样就会畸形。"朋友说。接着，他把拳头摊开成了手掌，又问："要是老这样呢？"

"这样子也是畸形啊！"那人的妻子又说。朋友趁机说道："是啊，这两样都不好。同样的道理，只贪财而不知道用也是畸形。只知道花钱，不进行积累，也不对。要让它流通起来，有进也有出。"

听完朋友的话，他的妻子有所醒悟，感到很惭愧，连忙端来一杯水招待好朋友。把拳头握紧，所得到的只有手掌中的一点，把手掌张开，整个天空都是你的。紧握拳头表示你是个吝啬的人，张开手表示大方到了极端。这只是个比喻，却能让人明白处世的道理和用财的道理，使人恍然大悟。

人世间有很多道理都是这样的。人们刚出生的时候，手是握着拳的，好像在说："世界属于我。"他去世的时候张开了手，又好像在说："看，我把所有都留下了。"有的人用富有来衡量人生。比如"金钱是万能的""有钱能使鬼推磨"，还有"死生有命，荣辱在钱""有啥别有病，没啥别没钱"等信条，这些都表明了人们对钱财没有一个正确的观念。

这些以家世、以钱财来炫耀的人，尽管都有着不同的标准，但他们的想法和做人的准则是一样的。他们只从事情的表面看问题，认为这样的财富才是永久的，却不重视一些内在因素，最终导致行为极端，造成片面的错误，最终还是自己在吃亏。抱有这样心态的人，总是努力地追逐名声利益，如果他身居要职，可能会以身试法，以致贪污、腐败。

一个人之所以伟大，是由于他不追求欲望而追求完美的人格。当人对名利无欲无求时，心中就没有了杂念，心灵就会得到净化。只有净化了的心灵，才会使生命更加自由和独立，才能够在未来更加辉煌。去除杂念是王阳明思想的一个重要主张，所有的功利名利都是浮云，得到了又失去，失去了又得到这种情况是非常常见的。所有的事情都会随时发生转变，能够把名誉利禄看淡一些，就会做到宠辱不惊。

心安理得，知足常乐

　　人的一生并不是富贵一生就会一直快乐，同理，劳苦的人也不会一直劳苦，只要不违背良心，做好自己该做的事情，就是幸福。

　　王阳明被贬时常用孔子的这句话来激励自己："君子居之，何陋之有？"如果居住者道德修养高，智慧高，就不会认为自己处在陋室之中。为了生活，他必须用自己的双手解决衣食住行等问题。他之前完全不懂农事，但他勤于学习，慢慢地，实践让他学到了不少做农活的本领。同时，他还注重和当地人交流，因此跟当地百姓的关系也越来越好。对于那时候的他来说，幸福就是能够得到当地百姓的理解。

　　像王阳明这样能穷而不乏的真的不多。毕竟人们喜欢享受被财富环绕的日子，而不想整天在凄风苦雨之中奔波，凄凄惨惨。但是当你被财富包围的时候，却也很有可能根本快乐不起来，相反，心头满是烦恼。倒是那些现实本分的人，认真地做好每天该做的事情，生活就会很幸福，因为他们虽然没有丰富的物质生活，但是精神生活却相当充实。

　　原宪是春秋时鲁国人，他的房子有一丈见方大，茅草盖着屋顶，以桑枝为框，蓬草为门，窗户是用破瓮做的，中间以破布为界隔为两间。虽然屋顶坏了，屋里满是积水，他却专心坐在那里弹着琴。

一天，子贡骑着好马、穿着华丽的衣服去见原宪，高大的马车无法通过狭窄的巷子，子贡便下马走着去见他。原宪头戴破帽，身穿破鞋，斜倚在门口迎接子贡，子贡见到他之后问："先生，您不舒服吗？"原宪答道："人们都说没有钱财是贫，满腹学识却没有用武之地是病，我现在的状态是前者。"子贡顿时不知所措，很是羞愧。因为，实际上是他自己无法从正确的角度去看待这些问题，不能理解那些胸怀奇志却饱受贫苦的人。

关于贫困，现实生活中每个人的衡量标准都不相同，对它的忍受程度也因人而异。

有些人是逼不得已，只能在贫困中煎熬，所以很害怕穷困，这是靠物质生活标准来衡量的。也有人是希望能在这样的环境中锻炼自己，这是自愿陷于贫困中。但是，不管怎么样，我们都不能只看重自己的物质要求，而应该更注重自身精神方面的修养，这才是正确地看待贫困的方法。

《庄子·山木》记载：

庄子穿着有补丁的粗布衣裳，系好自己的鞋带，从魏王身边走过。魏王对他说："先生看上去怎么如此疲惫不堪呢？"庄子说："非也，这是贫穷。士人不能推行自身怀有的道德，是疲惫；衣服鞋子坏了而没有换的，是贫穷。这种情况就是所谓生不逢时。大王可曾看见过那活泼跳跃的猿猴？它们一般生活在南方的大森林里，它们自由地称王，自由地在小树枝上来回跳跃，就算是像羿这样的高手也不能够把它们看扁。但是，当它们在矮乔木中行走时，却会仔细小心地走过，容不得一点马虎，并且内心会非常害怕。这并不是因为它们没有了跳跃的能力，而是受生活环境的困扰，无法发挥自身的长处。这就好比如今奸臣当道，怎么可能一点都不会感到疲劳倦累呢？比干遭剖心的刑戮就是最好的证明。"

庄子没有丰富的物质生活，可是他在精神上是很富有的。物质贫穷并不可悲，最可悲的是精神上的贫穷。庄子虽然物质条件并不富裕，但是他的精神在历史上一直闪耀着光芒，从某种意义上来讲，这种贫穷也是一种富有。《中庸》里有"素富贵，行乎富贵；素患难，行乎患难"，在王阳明看来，要想修养到位，就必须努力修养身心。毕竟，贫穷也算不上是好事。每个人都不想贫穷，但是如果以不正当的途径去摆脱贫穷，不是在真正地忍受贫穷，只不过是在恋富罢了。那些为生活四处奔波的人，虽然物质不充裕，但是因为他们一直在努力，所以他们有丰富的精神生活，以后有可能过上好日子。那些才高八斗的人，虽然求学之路异常艰辛，但他们可以借助知识来获取物质生活。相反，许多人有着空虚的心灵，心里满是贪婪，这样的人，就算再有钱，也不可能一直快乐，因为他们不懂得知足，生活终究会被虚荣的假象所占据。

安贫乐道也是信仰

《论语·述而》中说："饭疏食，饮水，曲肱而枕之，乐亦在其中矣。不义而富且贵，于我如浮云。"《后汉书·杨彪传》中也讲道："安贫乐道，恬于进趣，三辅诸儒莫不慕。"这句话的意思就是，当不能够同时获得仁义与财富时，他愿用忍受贫困的方式来保全仁义。

有人说，生活就好比一个圈，就算你有再辉煌的人生，也逃避不了最终回到原点的事实。这么说来，安于贫困并不等于不思进取，相反，它是一种更和谐的生活哲学。王阳明在《初至龙场无所止结草庵居之》中写道："昔者尧舜有茅茨者，且以为礼，且以为乐。"意思是说：上古时的尧和舜都曾住在草棚里，他们一样热爱礼仪和音乐。王阳明就是以他们为榜样，以很高的起点来迎接困难。

《始得东洞遂改为阳明小洞天三首》第三首是这样写的："邈矣箪瓢子，此心期与论。"诗中阐述了颜回艰苦的生活，"一箪食，一瓢饮，在陋巷，人不堪其忧，回也不改其乐。"王阳明说，我们要学习颜回那种安贫乐道的精神。

梁实秋的《雅舍小品》里有这样一句话："安贫乐道的精神

之可贵是难于用三言两语向唯功利是图的人解释清楚的。"佛家的理论认为，安贫乐道是在守护内心的清洁干净，是一种修行的境界。

孙叔敖是春秋时期楚国的名将，有很大的功劳，但是他非常纯朴。他几次拒绝庄王给他的赏赐。后来，他染上了重病，在临终前嘱咐儿子孙安："我去世以后，你就带着家人回乡下去以种地为生吧。如果大王非要给你赏赐，那你就要没人要的寝丘。"寝丘在今河南省内，当时位于楚越之间，地理位置很不好，名字也不好，而且土壤贫瘠，被人视为不祥之地。由于越人认为那里是不祥的征兆，所以一直都没人争抢。

后来，孙叔敖过世，楚王打算让孙安任大夫一职，但孙安心中一直铭记孙叔敖的话，坚决地谢绝了。孙安的日子非常艰苦，靠砍柴维持生活。后来，楚王在他人的建议下要给孙安赏赐。孙安不敢违背父亲的遗嘱，照父亲的话做了。楚国规定封地可以延续两代，如果有别的有功之人想要，也可以换给别人。但是，由于寝丘这个地方在当时没人看好，所以根本没有人想要，因此，孙叔敖的子子孙孙几十代都在此地安身立命。

金子固然美丽，却会引起旁人的争抢，与其在金光大道上烦恼，不如在独木桥上享受幽静。以上的故事不仅不是不思进取，反而体现了一种和谐智慧的生活哲学。衡量人生成功与否的标准是什么，是金钱、地位，还是安逸宁静的生活？王阳明的观点认为，处于贫困的生活之中，把学习圣人的学识作为一种乐趣，

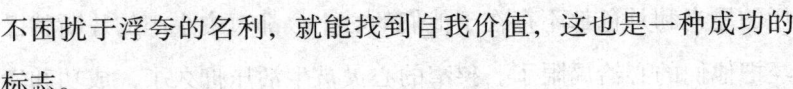

不困扰于浮夸的名利，就能找到自我价值，这也是一种成功的标志。

明代施惠在《幽闺记·士女随迁》中曾有记载："乐道安贫巨儒，嗟怨是何如？但孜孜有志效鸿鹄。"假若身陷财富名利而不能自拔，满心想着满足自己的欲望，那么，还不如在单纯简单的生活中寻找幸福。

生命不在拥有，而在有用

"致良知""心即理""人皆可成圣人""格物致知""知行合一"等是王阳明一生都在探究的东西，他对讲学研讨十分地痴迷。在他看来，不讲学，圣学不明，当时天下最"多言"的人非他莫属。通过讲学、研讨、撰写诗文、通信等方式，他将文化广为传播，经他培养和造就的文化精英数不胜数。

人活着都有其意义，怎样才能最大限度地扩大自己的价值呢？攀登人生境界最高峰的方法之一就是遵循王阳明所传播的理念。但是身处繁华都市的人天天为了生存而忙碌，很容易醉心于各种各样的物欲当中。车流在来来往往、上司和周围人群的嘴脸、各式各样的楼层是他们眼中的东西，对着电视或者电脑是休息时间里必做的事。那些绿色植物、天空中飘荡的流云、夜晚灿烂的星光和月色都不存在于他们的心中，都市中小小的片断就已经把他们的心给局限了。狭窄的心灵被生活压抑久了，成功和幸福的感受又从何而来呢？

一个人只有拥有广阔的心境，不被眼前所得的东西局限住，对生的意义进行仔细的思考，才能使自己达到一种很高的境界。我们活在这个世界上的目的是生活，是找寻到度日的信念，使心灵得到满足。

有个修鞋匠每天都要从许多的城镇穿过，修补不同人的不同鞋子。有时候，他会碰到狂风暴雨阻塞了去路，有时候，他并没有多少钱可以赚而常常饿着肚子。但是他的身影从来没有在人们的视线中消失，太阳升起的时刻，也是他将双脚踏在这片宽阔的土地上的时刻。十几年了，修鞋匠一直在修鞋，他所经手的既有高档货也有廉价货，既有顾客对他十分礼貌，也有市井无赖故意刁难他。可是过了这么多年，不论经历什么，这个修鞋匠完成工作的时候都十分认真，他把这个当作乐趣，虽然他的生活过得很清贫。

经常有人这样问他："嗨，伙计，你何必这样呢，修鞋嘛，能穿就行了，那么认真干吗？"修鞋匠老是这么说："可是那样我没有办法面对自己，哪还有什么心思生活呢，还能有快乐可言吗？""你的寿命一定会很长。"大家都这样说。"朋友，谢谢，说实话，我也认为是这样的。"修鞋匠憨厚地笑着。

这个故事中，平凡的修鞋匠又何尝不是一个懂得生活的人呢？他明白自己生活的目的是什么，他明白怎样才能懂生活。他在乎生活的点点滴滴，对活着的意义有自己的感悟，进而更相信人生需要憧憬，更需要眼下的所为。人的一生燃烧或腐朽都有可能，希望我们的内心不会在回忆的时候感到愧疚。

清心寡欲，知足常乐

正确对待欲求

"只求日减，不求日增。减得一分人欲，便是复得一分天理。"

养心在于寡欲

"只要去人欲、存天理，方是功夫。静时念念去人欲、存天理，动时念念去人欲、存天理，不管宁静不宁静。"

在名利中寻回单纯

"众人嚣嚣，我独默默，中心融融，自有真乐。"

财富是外形，心是快乐的根

"然可欲者是我的物，不可放失，不可欲者非是我物，不可留藏。"

荣辱毁誉皆泰然

"天地生意，花草一般，何曾有善恶之分？子欲观花，则以花为善，以草为恶。如欲用草时，复以草为善矣。"

安贫乐道也是信仰

"昔者尧舜有茅茨者，且以为礼，且以为乐。"

（注：以上引文皆出自《传习录》。）

第七章
知行合一，言行一致

"知之真切笃实处，即是行；行之明觉精察处，即是知，知行工夫本不可离。"

——《传习录》

志当存高远，路从脚下行

与同辈人不同，王阳明在很小的时候就立志做圣贤，探究人生的奥秘。正因为这样，他读了很多书，还曾按照朱熹"格物致知"的方法去"格物"。最后，陆九渊给了他启发，让他找到圣人之道，还领悟出了"知行合一"的道理。

他的学问不仅可以应用于政治，例如用自己的政治才能扳倒了严嵩；也可以在军事上有所应用，例如他亲自率军平定了叛乱，"身为读书人，战无不胜"，可谓是前无古人后无来者。王阳明一直在提高自己的修养，一旦时机到了，就如鲤鱼跃龙门般在人生的道路上创造自己的丰功伟绩。

对于任何人来说，志向都是作为驱动力带领人们前行的，没有志向的人就像无头苍蝇一样乱撞，不知自己应该在哪个位置停下来。就像孔子在《论语·述而》中所说："志于道，据于德，依于仁，游于艺。"这句话的意思是要把自己的目标定在天地之间，然后把道德作为尺子来约束自己，处世的时候要把仁义作为原则，同时要把六艺学习好使生活更加丰富。

道德之性、仁爱之心、六艺之才，是实现人生目标的过程中不可或缺的因素。而树立远大的志向则是其中最重要的，因为前进的方向是要靠远大的志向来引导的。

李斯是秦朝的宰相，他年轻的时候拜荀子为师。由于家庭条件不好，他总是食不果腹。一天，李斯看到茅厕中有一只又瘦又小的老鼠逢人便逃。几天之后，李斯在米仓中撞见一只又肥又大的老鼠正在米仓偷米吃。这老鼠见人也不躲闪，反倒直愣愣地看着李斯。李斯很奇怪：为什么老鼠在厕所中见我就跑，而这只又肥又大的老鼠反而盯着我看呢？

李斯思考过后，通过对两只老鼠的反复琢磨，得出了这样一个道理：那只又瘦又小的是经常处于弱势的；而又肥又大的老鼠觉得自己可以在米仓横行霸道，很有本事，所以敢招摇过市。李斯醒悟：自己现在就如那只瘦小的老鼠。于是，李斯发誓：做人也要像那只大老鼠一样在米仓中生活，绝不当那只瘦小的老鼠，不仅吃不饱，还会受欺负！

领悟这个道理之后，李斯把不再读书的想法告诉荀子。荀子问他想做什么，李斯说想去游说诸侯，以此获得荣华富贵。

于是，李斯的学业半途而废了，他开始追求功名利禄。之后，李斯得到了圣宠，并得到了丞相的位置。"老鼠哲学"是他一直奉行的为官之道——凭借秦始皇的信任与自己的权力，他不停地铲除异己，最终权倾朝野。在秦始皇驾崩之后，李斯得到了灭满门的下场。

李斯通过米仓中的老鼠的激励立下了人生大志，可是又因为"老鼠哲学"被灭了满门。"据于德，依于仁，游于艺"固然重要，可是人生的努力应先从志向的确定开始做起。王阳明所言极是："譬之树木，这诚孝之心便是根，许多条件便是枝叶。须先有根，然后有枝叶。不是先寻了枝叶，然后去种根。"心术不正，志则不齐，很容易导致偏颇，不会有好的结局。不高的志向只能让人碌碌无为，一世平庸。

可是远大的志向终究是心里所想的，如何实践我们的志向呢？在这个问题上，人人都有自己的选择。而"依于仁""游于艺"就是最典型的，或者是介于二者之间的选择。苏轼和佛印一同出去游玩，在看到木匠做木盒时便即兴作诗。佛印曰："吾有两间房，一间赁与转轮王，有时放出一线路，天下邪魔不敢当。"苏轼笑了笑，对曰："吾有一张琴，五条丝弦藏在腹，有时将来马上弹，尽出天下无声曲。"

都是一根线，两位品出的人生道理竟然不一样。佛印所说的是眼睛能够看到的墨盒中的线，用时取出，是直的，就像每个人坚持的人生道理和底线，邪恶的东西看到他的正直就不敢靠近了。他强调人品和操守对实现人生目标的重要性。苏轼说的：我也有丝线，不过不用拉出，是藏于心中的。苏轼用琴音比喻自己的人生——追求自在洒脱。

人格理想上的两个支点被不同的人生态度所代表：嘈杂世界中生命自我选择与坚持的力量是"仁"；令我们心驰神往，春风拂面的欢愉则是"艺"。这两点对于生活来说，就像雨露对草木的作用，不可或缺。

可是最重要的还是"志于道"。自我完成时，王阳明高度强调道德标准，他认为，墙都可以成为门，只要有远大的理想并且为之努力，就能避免目光短浅，虚度一生。

如何知行合一

"心即理""致良知""知行合一"是王阳明心学的三套功夫，重中之重是"知行合一"。"心即理"，也许可以称得上是心学的基本理论——真理和规律的发现与探求不用大家费神了，从自己的心中找出来就可以了。

可是，"修身齐家治国平天下"是儒家学派毕生所追求的，像科学研究等"粗鄙小事"是无意研究的，待人接物应官事才是研究的兴趣所在，这样就不需要那么大的思考范围了。不管是什么事情，做的时候都是由心态引起的，观念行为习惯命运向下监管，从这个角度来看，"心即理"还是有些道理的。

修身功夫靠的是"致良知"，"知行合一"的基础是"致良知"，也是"内圣外王"的基础。

"知"说的是"真知"。判断真知假知的方法是什么呢？是看有没有真实的体验。懒人知道勤能补拙这个道理，但却只停留在了解的层面，心却不起作用；只有取得成就的人说勤能补拙，才是真正知道了，他已将勤劳的妙处体验过了，说的时候心中自有滋味。

"行"说的是行动、实践。王阳明从不同的角度对"知行合一"加以论述。王阳明在《传习录》中说："知之真切笃实处，即是行；行之明觉精察处，即是知，知行工夫本不可离。只为后世学者分作两截用功，失却知行本体，故有合一并进之说。"通常，人们认为知、行本就分离，两者都可在前。可是王阳明所说的似乎很有道理，老话说"一处不到一处迷"，"知之笃实"之前必须亲身实践，只有经过实践才会有"知之笃实"。相反，假如可以将某一件事情做得十全十美，一定要完全了解要点和规律。"实践出真知"便可概括王阳明的这一观点。

只顾唱高调而轻实践是中国文人身上的毛病。虽然称他们是"社会精英"，可是如果依据王阳明的观点，因为他们缺少实践经验，所以只是徒有虚名，缺乏"知之笃实"。因为他们并没有真正的知识，也不能真的实践，只是"坐议立谈，无人可及；临机应变，百无一能"[1]。

他们只是混日子，依靠制度给予的特权享受。王阳明的心学曾经一度被认为是"伪学"，禁止宣传，他把文人的短板指了出来恐怕就是其中的一个缘由，以至于让文人厌恶。

王阳明在《传习录》中还说："未有知而不行者，知而不行，

———————

[1] 出自元末明初小说家罗贯中的《三国演义》。

只是未知……故《大学》指个真知行与人看，说'如好好色，如恶恶臭'。"

通常来说，当人们知道真相的时候就会付诸行动。不管是谁，看见了美丽的东西就会心动，遇到了危险都知道躲避。但是知道和行动在程度上有所区别，行止于美色。很多人遇到危险，但无法确定危险是否会发生，却还心存侥幸，这是知道和行动的交叉。想要达到真知、真行，距离还很远。

知之不详，行之不坚在生活中是普遍现象。比如，人们都清楚"一分耕耘，一分收获"，可是不是每个人都能做到，没有多少人愿意真正付出，很多人都更喜欢轻松发财。如果想真正领悟"一分耕耘，一分收获"的含义，善于学习、工作，思考是很重要的。在实践的时候，人们的身心感到非常舒畅并且很充实，于是，人们开始变得异常勤奋，并且由此真正做到了"行知合一"。在一些时候，我们要切实做到真知真行，可是表现出来的却是知而不行或行而不知。

谭嗣同在戊戌变法失败之后，在明知会受到朝廷迫害的情况下依然坐以待毙，其他人却都到国外去避难，这不就是知而不行？松下幸之助虽然从来没有学习过管理方面的专业知识，自己也尝试着开了公司，尝试去做自己不懂的各种工作，这不就是行而不知吗？其实，勇于担起重担，勇于创新，就是所谓的知行合一。

谭嗣同明白，流血是变法中不可避免的，要变法，就要勇于牺牲，他认为自己宝贵的生命牺牲得很有价值，这不就是所谓的真知真行吗？松下幸之助明白自己有很多不知道的知识，通过尝试，他弥补了自己的劣势，并将其付诸行动，这就是知行合一。

王阳明在《传习录》中又说："先人们在提出'知'后又提出一个'行'字，就是因为世间存在这样一种人，在全不解思维省察的情况下懵懵懂懂地任意去做，也只是在虚张声势，空想虚做，因而只有懂得以后才能知道怎么做才是对的；另外一种人却只知道无边无际地思索而不肯脚踏实地地真知实干，而只有懂得才知道踏实干事。这是先人们不得已而为之的补偏救弊之言，倘若懂得这个道理，让人们把知和行分开去做，认为行动之前必须先达到知，在我去讨论做知的时间里，必须等到知道清楚后才去做事，所以就一辈子不行动，因而永远无法获得知。这根本不是小病小痛，也并不是一两天就可以养成的。而现在所说的知行合一，就是对它的对症下药。"

只有通过真行才能获得真知，故做到知行合一是必需的，反之，必然得不到真知真行。王阳明的逻辑正是如此。现代人讲"检验真理的唯一标准就是实践"，和王阳明所说的意思很相近，但是也有着细微的差别，经得住时间来考验的，方能认之为真理。根据王阳明所言，普遍的真理好像是不存在的，只是存在着自己亲身感受的真理。在他人身上看到的、听到的某些真理，只是别人的，而并非你的真理。只有自己亲自体验过后，了解并且能够运用它，它才会成为你自己的东西。

大胆尝试，实践出真知

　　王阳明的父亲王华于 1481 年高中状元，在进入京城任职之后不久就接王阳明到京城生活。王华为儿子安排了一切事情，他一心认为自己的儿子和自己一样能读书考科举，随后走入仕途。

　　王阳明虽然表面上一切都听从父亲的安排，但是却有自己的想法。人生的第一件大事不一定是读书考科举，而是读书做圣贤。王阳明立下大志后便一直向圣贤道路奋进：15 岁试马居庸关，钻研宋儒朱学的时候才 17 岁，在此之后又开始了追求心学之路。通过了多次尝试和突破，渐渐有所领悟的王阳明首创心学。

　　在我们的生活当中，很多人都自幼就被"家长的愿望"所安排在哪所学校。例如小的时候读书，长大后对从事职业的选择，梦想着拥有怎样的家庭……有太多的人在人生的前半部分的大部分时间都还没来得及思考，所有的一切都被家长所掌控着。没有奋斗的目标也没有行动，更有甚者，还有人在没有挫折和失败的情况下仍然照着以前的套路办事。这样一来，人们内心里也就没有了愿望，埋没了源于内心深处的梦想，走得虽然很顺利，却很缥缈。由于在这一路上畅通无阻，人们就没有机会尝试失败，也就少了自己的亲身体验。

历归真是五代时期的画虎名家，他从小喜欢画虎，却从没见过真的老虎。因为画出来的老虎像病猫，他老被人笑话，于是他想去丛林深处观察真正的老虎。经历了各种痛苦的考验之后，在一个猎户的帮助下，他最终见到了真正的老虎。在大量地临摹真老虎之后，他画老虎的功夫日益见长，画出来的老虎形神兼备。他从画老虎中得到了灵感，之后又用了大半辈子的时间游历名山大川，终于以画老虎成名，成为著名画家。

真知出自实践，画画也是一样的，倘若只知道待在书斋里，从来没看到过真正的老虎，他是无论如何也无法画出真正的老虎的。唯有真的认真观察过老虎，才能让笔下的老虎栩栩如生。

道听途说不如眼见为实，实践才可能收获成功！长辈们常常劝告我们，只有经过时间检验的经验才能被称为人生智慧，才能让人们的生活之路越走越好。然而，我们的人生终究由自己主宰，不应该由自己踏出脚下的路吗？积极借鉴前人经验是明智的，不敢创新，不想尝试新的东西，行为没有实践来检验，成就很难超越前人，则无法获得所谓的成功的。好比走路，经历过多少才能够领悟到多少。要想深刻领悟战胜困难的艰辛，就只有走到布满荆棘处，发现战胜困难的方法，以此为鉴，慢慢地累积，才能让自己超越前人，获得突破。

在一个小村子里，有个渔夫很擅长捕鱼，人们将他尊称为"渔王"，因为大家每次外出捕鱼时收获最多的总是他。可是渔王却高兴不起来，他三个儿子全都没有掌握精湛的捕鱼技术。渔王老是向人倒苦水："我就不懂了，捕鱼不是什么难事，怎么我能捕好鱼，我的儿子却做不好呢？我在他们小的时候就开始教授他们捕鱼的知识，还是从最初级的开始教，什么样的网容易捕到鱼，应该怎样划船才不会把鱼吓跑，怎样下网容易网到鱼。他们长大一些之后，我又将怎样识潮汐、辨鱼汛的知识教授给他们。但凡是我亲身经历过的经验，传授给他们时我必毫无保留，可是他们的捕鱼技术却让我很无奈！"

一次，他对一位老者诉说后，老者问道："你一直是亲自教授他们的吗？"

渔王说："是的，为了能让他们拥有一流的捕鱼技术，我一直很耐心地教导他们。"

"你让他们一直跟随着你吗？他们犯过什么错误没？"

渔王回答："是的，因为不想让他们走太多的弯路，我一直亲身教授他们。打渔时，他们也非常认真仔细，从来没有犯过什么错，但打上来的鱼总是无法超过别人。"

老人思索一会儿后，感慨道："这样看来，问题便自然地浮现出来了。他们一直都把注意力放在你所传授的知识上，而不是在打渔过程中不断反省自己为什么会失败。用这种方法学习，他们连你的水平都难以达到，更不会超过你而取得成功了！"

捕鱼技术精湛的渔王的那一套方法，对他的儿子却不怎么起作用。基本技能的学习必不可少，然而敢于尝试新的东西才是更

重要的。只有在实践的过程中对自己的经验和教训进行总结，才能在技术上有所觉悟，才会找到一个适合自己的方法，才会取得更大的进步和成就。对于别人的经验，只能借鉴而不能硬往自己的身上套。只有努力把经验与生活联系起来，才能体会得更深刻，才能找到让自己取得成功的方法。

在日常生活里，父母对我们的期望很高，我们在已经安排好的生活道路上按照别人的轨迹平稳地前行。然而，一代又一代地重复并不是生命的最高意义，而在于从没有过的创新与实践。如同王阳明说的那样，"就像人在走路一样，只有走过一段路，才能把一段路认清；遇到歧路时的疑问，问了再走，便能够到达自己想去的地方"。

任何一个人都可以把自己的人生之路走得不一样，并且每个人都有创造不同于前人的精彩的能力。困扰总是会存在的，只有遇到问题之后再去寻找答案的过程，才能让人们弄清楚自己的人生前行的方向。努力实践创新是前提，要想体会出真正属于你的人生智慧，就必须付诸实践。

慎思之，笃行之

古人云："三思而后行。"行动必须在思考之后，必须缜密想过再行动，这样才能取得良好的效果，防止不必要的麻烦发生。

"三思而后行"出自《论语·公冶长》："季文子三思而后行。子闻之曰：'再，斯可矣。'"只是孔子对季文子三思而后行的评价让人们非常想不通。有人说，孔子是赞成季文子的做法的，在孔子看来，仅仅三思是不行的，还必须得再思考一次。有人的看法却不尽相同，他们认为事实上孔子反对季文子过于多思虑的做法，他们的观点是只要多想两次便行得通了。从表面看来，这种说法有些荒谬，然而根据孔子的看法，再加上他一向施行仁政的行事作风来看，则不难看出孔子的本意在上述第二种观念中有所表达。

王阳明的观点是：知是行之始，行是知之成。他的观点旨在着眼于知与行的统一。知，就是要思考到事情的各个方面，只有认真思考过后方能采取行动；行，就是要把思考后的结果付诸实践，这样你才能取得成功。王阳明指出，知与行必须统一，不能光学不用，让它仅仅流于口耳之间。

对冲动气盛的年轻人而言，最好的劝谏便是三思而后行，并且此话从古至今很受人们欢迎。人们相信，最好的决定必定经过深思熟虑，要想进行得顺利，还需要反复琢磨。不幸的是，一种重思考而轻行动的风气由此而形成了。对于结果要求过高，人们将大量的时间与精力用在了无限的沉思之中，最后总是觉着还差点什么，思虑越多越无法前行，想着想着，原本可以做成的事无疾而终。

人的思维空间是没有边际的，因而，想着想着也就不知道原来想的重点是什么了。如果人们总是在思想的海洋中畅游而迟迟不上岸来将其付诸实践，终究会喘不过来气，彻底失去实践的机会与能力。

曾有一片盛产灵蛇的山脉。蛇的全身都是宝，蛇毒虽然剧烈，见血封喉，可很多人为了赚钱，不顾生命危险去捕蛇。为了捕蛇，三个从南方来的年轻人来到这附近的村子里。

其中一人只在村子里住了一天，第二天就收拾好行囊上山捕蛇了，可是一天天过去了，他却没有回来。不懂得蛇的习性的他在山里乱窜，惊扰了灵蛇，再加上对捉蛇一窍不通，他最终丧命蛇口。

第二个年轻人因此害怕不已，对要不要去山里捕蛇思来想去，每天都站在村口向大山方向望着。有时候，他会向前走一段路，没走多远却又原路返回，成天在村子和山之间晃荡。

第三个年轻人在出发之前做足了充分的准备。他常常和村里人学知识，对捕蛇的相关知识了然于胸，并且努力寻找解毒的药剂。在进行了 30 多天的精心准备之后，这个青年带着自己所需要的捕蛇工具出发了。不知不觉七天过去了，大家都认为他已经死了，村口却走来了背着沉重箩筐的年轻人。他捕到了上百条灵蛇，并且用赚来的钱做起了药材生意。捕蛇之王的称号，他当之无愧。

这三个捕蛇的年轻人，一个毫无准备地鲁莽行动；一个思考来思考去没有动身；最后一个则是做足准备后展开行动。三个人在思维和行为上都有很大分歧，那么他们结果上的差异也就让人毫不意外了。思考和行动是不能分离的，不管偏向谁都不会赢。光靠运气地瞎蒙，发意外财，纯粹是瞎猫碰上死老鼠，不是长久之事，仅仅是偶尔得之，很难用它来彰显一生的成就。

对于任何一个普通人来说，思考与行动都是非常重要的，如人之生老病死难以避免。小到处理家庭琐事，大到掌握国家命脉，不经过一点脑子的人轻则使家道败落，重则使国家灭亡。要做到思行统一，这种教训是经过中国两千多年的历史而总结出来的，同时也表明了王阳明知行合一的观点。

千里之行，始于当下

"活在当下"，其中所说的"当下"即眼下可以立即着手的事情和当前所遇之人。"活在当下"也就是说要多关注目前所遇的人、事，一心一意地对待这些事物。全身心地投入生活的人生态度才是真正的活在当下，你的后面没有过去在拖累你，你前行的道路也无须被未来所牵引，此刻你应用尽自己全部的力量，生命因此更具一种强烈的张力。"当下"被世人所看重的原因就是千里之行需要从这里出发。漫漫人生路，其第一步必然是当前。过去也罢，将来也好，都没有眼前所见的更加真实。

王阳明在《传习录》中说："我辈致良知，是各随分限所及，今日良知见在如此，只随今日所扩充到底。明日良知又有开悟，便从明日良知扩充到底，如此方是精一功夫。"也就是说，人们的良知因为人们的分歧而到达不同层次。现在所达到的层次，就扩充今天的理解，如若明天有了新的感悟，便得从明天去继续提高，目标专一也是如此。

王阳明认为，对于初学者来说，应当慢慢来，不能一口吃个胖子。所谓活在当下，就得抛下往事所留下的束缚。人生在世不做错事是不可能的，谁都不可能完美无缺。最主要的是可以认识错误并且改正。如果只是让自己沉浸在过去无法自拔，抑或是钻进追求完美的牛角尖，难以放眼当下，未来之门也就更加难以开启。

很久很久以前，有一个父亲有两个儿子。在两个儿子成年之后，他们被父亲叫过去问道："在人迹稀少的深山之中有一块绝世美玉，现在你们都长大了，应去做个探险家去寻宝，找到之前不准回来。"第二天，两个兄弟便一同出发去寻找美玉。

大哥是个老老实实做事的人。路途之上，他找到了一些有瑕疵的玉石，还有一些成色一般但是形状各异的石头，他一个也不放弃，通通都带上了。几年之后，兄弟两个约定的回家时间到了，他的行囊已经塞不下去别的东西了，虽然父亲口中要求的绝世美玉他并没有找到，但是他相信自己所收获的这些造型各异、成色不等的众多玉石一定会让父亲满意。

这时，他弟弟来了，确实什么都没有带回来。他弟弟说，你这些根本算不上是什么极品珠宝，也不是父亲要求的绝世美玉，父亲是怎么都不会满意的。弟弟决定暂时先不回家了，因为他记得父亲的话：必须带着绝世美玉回家。他要继续去更远更险的山中探寻，要找到一块绝世美玉。哥哥回到家后，父亲对他说，这些石头足够他开一个玉石馆或一个奇石馆，而那些玉石稍一加工就是稀世之品，换句话说，玉石是宝贵的财富。

没花多少时间，哥哥的玉石馆已经名声在外，并且在他收获的众多玉石中还有一块经过加工成为不可多得的美玉被国王御用作了传国玉玺，于是哥哥成了富人。后来这位哥哥告诉父亲弟弟不回来的原因，父亲无限感慨地对大儿子说："你弟弟是不可能回来了，他并不是一个合格的探险家。他如果幸运地在途中醒悟，明白这个世界上没有最完美的东西，那就算是他的福气。倘若他不能领悟，便只能够用这一生来做代价了。"

之后又过去了很多年，父亲即将去世。父亲去世之前，哥哥曾对父亲说想派人去把弟弟找回来。但是他父亲却对他说："没必要了，经过了这么长的时间和挫折，如果他依然不能顿悟，这样的人不管在哪里都是做不好事情的。纯美的玉，完善的人，在这个世界上根本就不可能存在，把生命浪费在寻找这种绝对完美的东西上的人，该是多么愚笨呀！你的弟弟不知道怎么欣赏，不懂得抓住当下，因此丢失了属于自己的美好。"事实上，这个世界并不完美，每一个人生都会有所遗憾。对我们而言，到处都存在不完美，怨天尤人大可不必。

要想活在当下，就必须踏踏实实地努力工作，珍惜眼前的每个小机会，而不是总是把希望寄托在明天，寄希望于一个新的开始。不管人生的目标计划得多么明确，未来总是未知的、没有定数的，变化总会在计划前面。若是我们无时无刻都致力为未知的未来耗费力气，无视眼前的一切，便永远也走不上未来的路。只有从现在开始努力，我们才可能早日获得成功。

生活中，我们要多多关注现在。一些人总是若有所思，心不在焉，想着明天、明年甚至是下半辈子的事。这些人喜欢预支明天的烦恼，想早点解决明天的问题。然而，即便明天有问题，今天也是无法解决的。每一天都要学到新的知识，努力做好今天的功课才是关键。由此可知，千里之行，始于当下。有志气的人会立即开始做，日积月累，为实现伟大的理想奠定坚实的基础。那些把握不住现在的人没有资格说将来！

成功不在难易，在于身体力行去做

虽然到达成功的道路是多种多样的，然而不论是哪一种，行是最容易的成功之路，因为成功无法在空想中实现。其原因也不难理解，只有在行动中才能够体现思想的力量。为学是这样，处世亦如此。想要取得成功，就必须身体力行。

作为心学一派的代表人物的王阳明认为行动是同样重要的。了解真理并不采取行动的人，不算是真正掌握真理的人。好比生活中那些做白日梦的人，他并不知道"有付出才会有回报"的道理，就算明了，也不知这句话所蕴含的道理，否则便不会"知而不行"了。所以，我们想要得到东西，首先应该付诸行动。

明代大学者张溥的读书方法非常独特，他通过多次抄写、多次阅读、多次焚烧的办法，对书本熟读精思，深入了解，这种方法被他称作"七焚法"或"七录法"。张溥的"七焚法"分三步：第一步，在读一篇新文章时，认真地把它抄在纸上，一边抄一边在心里默读；第二步，在抄完之后将之大声读出来；第三步，读完之后立即放入火炉里，烧完之后，再重新抄写，再朗读，再烧掉。如此重复多次之后，直到真正理解了文章内容，背熟于心。张溥一直坚持这种读书法，他命名自己的书房为"七焚斋"，也叫"七录斋"，并称自己的文集为《七录斋集》。

反反复复练习的张溥不知不觉中学已大成。人们常说，我们生活的社会很现实。"现实"不仅仅体现在人情冷暖上，更体现在行动的力量上。一个人的知识、智慧、思想境界等"虚"的东西的现实载体就是行动。

人们在心里常常说"知识就是力量，智慧就是财富"，却不注重行动所带来的无穷力量。实际上，只要踏出行动的第一步就已经成功了一半。因为只有行动才能够将知识、智慧、思想境界等力量发挥出来，从而形成一股强大的推动力，并且在方向正确的前提下促使行动者加快迈向成功的脚步。

世界上有一辆牵引力最大的火车头，为了防滑，只需在它8个驱动轮前面塞一块1英寸见方的木块，这个庞然大物就无法动弹了。然而，这辆巨型火车一旦开动，这小小的木块就再也无法阻挡它了。当它的时速达到100英里时，它能够轻易撞穿一堵5英尺厚的钢筋混凝土墙。从一块小木块令其无法动弹到撞穿一堵钢筋混凝土墙，火车头的威力为何变得如此巨大？因为它开动了起来，这就是原因。

俗话说得好：火车跑得快，全靠车头带。火车头不仅仅是在掌握方向，更体现了力量的重要。许多人正因为自身能力被低估或者对困难害怕不已而无法继续行动，却不知道行动所产生的威力是难以想象的，甚至能够使人轻松地突破障碍，超越自我极限。当然，前提是必须行动起来！

王阳明在说"知行合一"的时候经常会用写字作为例子。他说："知"就是"我要写字"，而"行"就是提笔写字，想要了解怎样写真正的字，就得切切实实地拿笔去写，去付诸实践。要想知，就必须真正行动起来。

行动是通往成功的必经之路，要想把握成功的契机，就要行动起来。有才之人最怕的莫过于错失良机、大志难舒。难遇的机会要看自身怎样应对，等待是必不可少的，但行动最关键。成功不在于难易，而在于是否真的采取了行动。这个世界上的机遇很多，却很少有人能够抓住机遇。只有在恰当的时机主动出击，才能成就人生的梦想。

磨盘只在转动时才能磨面；风车只有转动才能发电；人只有在行动的过程中才能获得成功，创造奇迹。人只有身体力行，才能完美结合自己的各方面能力素质，才能在展现自我的擂台上独占鳌头。人必须有所表现，才能够得到他人的重视。总之，要想把握成功的契机，就得有所行动。为人处世，与其夸大其词，不如脚踏实地，方能日进千里，收获成功。

不逆不臆，言行一致

诚信是儒家特别强调的品德。王阳明在《传习录》中说："不逆、不臆而为人所欺者，尚亦不失为善，但不如能致其良知，而自然先觉者之尤为贤耳。"从另一个角度来讲，人们还应该"示己之诚"——要想履行诺言就要付诸行动，以此来表明自己诚实的心。诚实守信既是我们从古至今流传的美德，也是为人处世必须具备的美德。

孔子有一个名叫曾子的学生。有一天，曾子的妻子去赶集之前，孩子一直哭闹不停，她便答应等回家之后杀猪给孩子吃。从集市回来后的妻子在曾子杀猪时阻止说："我只是哄着孩子玩的，你怎么还真动手了呢？"曾子说："承诺了就得做到。小孩子可能不懂，父母是孩子的启蒙老师。现在你哄骗他，将来孩子就会到处哄骗。"于是，曾子坚决地把猪杀了。倘若曾子因可惜那头猪而对孩子失了诚信，猪是可以不杀，可孩子纯洁的心灵上却会留下不可磨灭的烙印。曾子用他的实际行动向孩子证明了自己的诚信，很值得后人借鉴。

梁漱溟先生是近代学者，他曾说，"人和人之间要相与之情厚"是中国文化的最大特征，也就是说人在和他人相处的时候感情非常深厚。这种情感是建立在信任的基础上的。世人常言"说到做到"，想要证明自己的承诺就必须真正地付出行动。假如只是空口说白话，虽然没有办法以实际行动证明，即便能够蒙蔽一时，却无法隐瞒一世。

知行合一是王阳明所提倡的，真知就必须行动，行动了就必须达到目的。所谓言必信，行必果，就是告诫人们要用自己的实际行动对自己的诺言负责，这种智慧是先贤早就留给我们的，不只是个人的修养，同时也是社会的责任。人类社会发展至今，现在社会的文明程度虽然大大提升，无论从国家稳定还是学术学问的方面来看，成就都比过去更加显著。然而，人与人之间的信任度却是极低的。反观历史，诚信一直在古人的心中占据着重要的位置，人们一直认为"言必信，行必果"才是君子所为，"一言既出，驷马难追"才是君子所为。

同在太学学习的张劭和范式十分合得来，因此结拜为兄弟。他们分别返回家乡，张劭并且约定于第二年重阳时在范式家重聚。当快到约好的日期时，范式对他母亲提及此事，并准备了好酒好菜来招待张劭。然而，范式一直等待到天黑，新月悬空，张劭仍然不来赴约，母亲问：已经分别两年了的你们隔得这么远，你还这么信任他？范式回答：张劭向来遵守和别人的约定，违约这种事他一定不会做。

范式在门外一直等到深夜，突然看见一个鬼影，细看之下，发现竟是张劭的魂魄。原来在分别之后，张劭一直忙于事业，把重阳的时间忘在脑后，到重阳才想起来这个约定。可是路途遥远，在一天内无论如何也无法赶到。为遵守两人的约定，他突然想起古人的一种说法：鬼魂可以做到人们不能够做到的一日千里。他提刀自尽，以便让自己的魂魄赶来。

"兄弟，你一定要原谅我的疏忽。看我心诚的分儿上，等你到山阳的时候，请务必去看看我的尸体，那我死也瞑目了。"张劭的鬼魂刚说完便飘走了。赶到山阳见到张劭灵柩的范式心中愧疚万分。为了回报张劭的信义，范式也挥刀自刎！大家都觉得十分惊讶，二人被葬在了一起。汉明帝知道了这件事，十分敬佩他们二人之间的真诚与心意，为他们的信义建了一座庙，称为"信义祠"。为了守信用而不食言，张劭甚至可以放弃自己的生命，为了回报自己的朋友，范式同样也付出了生命的代价。可能这件事情不是真的，可是他们二人的故事一直流传至今，十分受人们的推崇。"生命诚可贵，诚信价更高，"这句话道出了为人处世的可贵之处。

生活中，我们为了得到别人的信用经常许下承诺，但是同时我们也应该采取与承诺相同的行动。如果没有以此证明的行动，所谓的承诺只是在空口说白话。

如果一再失信于人，虽然无伤大雅，可是最终会留下不可弥补的遗憾。若没有遵守对别人的承诺，那么良知不仅会被侵蚀，还会失去他人的信任，生命从此也就一直这样暗淡下去。只有言必信，行必果，他人才会欣赏你，器重你，你才有机会成就伟业，你的人生也才会因此而更加灿烂。

知行合一，言行一致

不逆不臆，言行一致

（不逆、不臆而为人所欺者，尚亦不失为善，但不如能致其良知，而自然先觉者之尤为贤耳。）

大胆尝试，实践出真知

（如人走路一般，走得一段，方认得一段；走到歧路处，有疑便问，问了又走，方渐能到得欲到之处。）

如何知行合一

（知之真切笃实处，即是行；行之明觉精察处，即是知，知行工夫本不可离。）

成功不在难易，在于身体力行去做

（未有知而不行者，知而不行，只是未知。）

慎思之，笃行之

（知是行之始，行是知之成。）

（注：以上引文皆出自《传习录》。）

第八章
事上居下，不必显露

"古先圣人许多好处，也只是无我而已，无我自能谦。谦者，众善之基；傲者，众恶之魁。"

——《传习录》

礼让功劳、不露锋芒方能安身

《菜根谭》中说："完美名节，不宜独任，分些与人，可以远害其身；辱行污名，不宜全推，引些归己，可以韬光养德。"大意是这样的：名节变得完美了，拿一些给别人是无可厚非的，并且还能帮助自己远离灾难；当名声受损的时候，不应该推卸责任，应该自己主动承担一些，这样对于自己的韬光养晦才有益处。

人生在世，总是有福也有祸。面对成就，要懂得和别人分享；面对祸害，也要学会和别人一起承担。王阳明当初在为明政府成功除去了倭寇之后，将全部的功劳都给了兵部尚书王琼。王阳明对道德和气节的要求很高，不注重权势和金钱，仅仅是这一点，就足以让人们觉得他是一个很了不起的人。

曾国藩同样是一位礼让功劳的人，他深知名和利是能赢得将士们的爱戴的根本。所以，他永远都不会将功劳据为己有，而总把功劳归于别人。他曾说，只要是遇见和名和利相关的事情，他都会和别人分享。曾国荃围攻金陵久攻不下，可是又想一个人独享这份功劳，因此迟迟不愿意接受李鸿章的援助，于是曾国藩给他写信说："最近，我很担心你的病情。初七日，弟交差官带来

169

的信以及给纪泽、纪鸿两儿的信我已于十一日收到，字词之间不是很急切和唐突，因此我感觉弟弟的病很快就能痊愈，所以感到非常的安慰。但是，弟和金陵相持这么久仍然还没有攻克，若是按照弟弟现在的情况发展下去，我担心弟的病情会变得越来越严重。我和昌歧长谈，得知李少荃实际上有和我的弟兄们互相亲近、互相卫护的意思。我希望弟弟能够上奏朝廷请求，准许少荃亲自带领开花炮队、洋枪队前来金陵城一同歼灭敌军。只要弟弟给我回信，我便立刻面奏圣上，而且赶紧请求援助，让少荃立刻赶去金陵。"

曾国藩在信中非常委婉地表达了希望李鸿章和他一起对抗敌军、共同立功的想法。可是李鸿章也看出了曾国荃并不希望他管金陵的事情，也不想借此机会揽功，因此把这件事上报了朝廷，说曾氏兄弟绝对有把握可以拿下金陵，而且还派了自己的弟弟一起去作战。

金陵拿下以后，李鸿章亲自去祝贺，曾氏兄弟迎接，曾国藩说："曾家兄弟的脸面全仰仗你了！"李鸿章必然要自谦一番。曾国藩一直重复着这次的成功全部都是仰仗着朝廷和大家一起努力，以至于他们曾家兄弟全是天恩庇佑。虽说的确是他自己的功劳，但他却一点功劳都未提到。他还向皇帝上书说这次的功劳都归功于朝廷和英勇善战的将士们，而没有说自己跟弟弟一起付出的劳苦。说到收复安庆的事情时，他都是将功劳归于别人。别的征战中，曾国藩也从来都是将赏银分给下属，并且将功劳都归于别人，并且还保举别人。这样一来，他在得到将士的心的同时让将士士气大振，也令朝廷放了心。

《六韬引谚》云："天下熙熙，皆为利来；天下攘攘，皆为利往。"假如没有了利益的诱惑，还能有多少人会拼尽力气在战场上面卖命呢？没有任何领导可以不受众将的爱戴而长居此位，所以，领导不能独享自己的"幸福"。曾国藩的这种有福同享、有难同当的气魄显示了领导人的魅力，任何士兵都希望他们的领导像曾国藩一样，这样他们才能心甘情愿地为他效劳。

历史上的另一位大人物项羽与曾国藩截然不同。项羽力能扛鼎，一方称王，但在楚汉争天下的争斗中最终失败了。韩信在分析他的性格时曾这样说：项羽对待人的时候很善良，若是有将士生病了，他会心疼得直掉眼泪，把自己的饭分给他吃；若是一个人立了战功，该加官晋爵了，他却把刻好的大印放在手中把玩，舍不得给别人，此乃妇人所说的仁慈之心。将士们在浴血奋战的时候没有得到应有的酬劳，一直这样下去，项羽肯定会失去将士对他的信任，一旦失去了军心，也就注定会失败了。

王阳明之所以可以成为心学的大师，就是因为他的周围有很多志同道合的朋友，平时可以互相切磋，一起研究学问，在战场上能够奋勇杀敌。对于我们而言，得到周围人的赞扬时，更应该十分大度地说："这不是我自己一个人的力量，而是我们大家共同努力的结果。"这样的度量可以帮助你吸引周围的更多人的帮助。这种良性循环也可以令我们的工作和生活越来越顺利、美好。

在低潮时进去，在高潮时退出

王阳明从兵部主事被贬谪到龙场的时候，生活变得非常艰难。为了生计，他迫不得已自己种田。他知道百姓都很有智慧，便不耻下问，向老百姓询问怎样种田，还向当地的农民咨询民风民俗，因此他深得百姓的喜爱。他讲学的时候也是这样。和徒弟交流时，他最大的特征就是将他们当成自己的朋友，没有训诫，没有体罚，寓教于乐，教学相长。他赞扬学生的智谋，永远都不会将自己的观念强加给学生。他去世以后，朝廷的一些官员、门人传承他的事业，宣扬他的思想、观点和主张，纪念他的丰功伟绩，缅怀他。

民间的才智才算得上是真正的大智慧，王阳明很谦虚地向百姓求教。和学生交流的时候，他也很谦卑，收纳各种意见，在学习和探讨中不停地完善自己的思想和观念，这种态度真的很令人佩服。《道德经》中说："故贵以贱为本，高以下为基。是以侯王自谓孤、寡、不谷。此非以贱为本邪？非乎？故至誉无誉。是故不欲琭琭如玉，珞珞如石。"大意是这样的：贱是贵的根本，下是高的根基，所以，侯王会自称为孤、寡、不谷，其实这就是把贱当作资本，难道不是吗？因此，最大的荣誉便是荣誉不存在了，身为侯王，如果做不到像玉一样光彩夺目，那么最起码要像石头一样朴实。

本来十分朴实的侯王，但是仍然自称孤、寡、不谷。就算我贵为侯王，可是却依然很寂寞，依然才疏学浅，所以希望百姓来帮助我，大臣来辅佐我。此乃处下，也可以说贱是贵的根本，下是高的根基。"水能载舟，亦能覆舟"是我们每个人都懂的道理，意思就是说事物用之得当则有利，反过来则一定是有害的。我们之所以将舟比喻为王，把水比作百姓，是因为舟在水的上面。若是船上的高贵之人常常能够想到自己船下的水，意识到自己为什么如此高贵，想到自己高高在上的根基是什么，总是居上思下、处尊思贱，就不会发生这种危险。若是忘记了根本，那么就会失去根基，就有危险了。

在众所周知的《三国演义》中，有一个深知和熟知处下的道理的人，他就是刘备。刘备是汉朝的皇叔，出身很高贵，但是却能和关羽、张飞这种出身卑微的人结为兄弟，从而巩固了自己的基业。在后来的天下纷争、诸侯大战中，他仍将处下的智慧发挥得淋漓尽致，一步一步增强自己的势力。他起初投靠公孙瓒，后来解了徐州之围，并投靠了徐州刺史陶谦。由于刘备善于和下人交往，最终陶谦三让徐州，刘备做了徐州牧史。

再后来，他又投靠过曹操、袁绍、刘表等人，在"处下"中一点点地前进，一边"处下"，一边积蓄能量，在"处下"中千锤百炼。在这个过程中，还有一个很有名的故事，是皇叔刘备的"三顾茅庐"。为了能请诸葛亮出山，刘备宁愿降贵纡尊，带领关羽、张飞三次拜访诸葛亮。

第一次，看门的仆人一听说他们是来找诸葛亮的，便敷衍道："先生现在不在，早上就出去了，不知道去了哪里，也不知道什么时候会回来。"这次刘备只能失望而归了。一段时间之后，刘备听说诸葛亮已经回家了，便再次和关羽、张飞一起冒着漫天的大雪去隆中。但是到了以后，他们发现诸葛亮早就和朋友一起出游了，众人又白跑了一趟。

又过了一段时间之后，刘备第三次准备去拜访诸葛亮，关羽和张飞都或多或少有些生气，但是刘备并没有灰心，三人第三次来到了卧龙岗。仆人说诸葛亮现在正在睡觉，于是刘备就一直守在屋子外面等着他。一段时间之后，仆人才再次将三人请进屋内。刘备总算见到了诸葛亮，诸葛亮看刘备没有高傲显贵的姿态，便问道："荆州地势险要，对于用兵来说是个好地方，刘表既然现在无法守得住，先生要取代之，先占领荆州，打下基础，再去攻打益州，联合好孙权，把西南各个民族都交接好，等到时机成熟了，再向中原进发。这样，统一天下的大业必能取得成功。"

诸葛亮的这番话让刘备一下子明白了，可是当他邀请诸葛亮立刻与他一起前往新野时，诸葛亮却并未答应，只说自己更喜欢归隐的生活，不愿意一同前往。刘备立刻就哭了起来，将衣服都哭湿了。于是，诸葛亮被感动得出山了。为了能够得到优秀的人才，刘备将处下的智慧表现得十分到位。

处下可以说得上是一种"虚怀若谷、吞吐万千"的气势风骨。处下是说低下，只有谦逊、尊贤，才能赢得人们的尊敬。想象一下，若王侯也是一样，那么一般人就更有处下的时候，并且可以一直保持谦虚谨慎的态度。只要你脚踏实地、虚心向学、任劳任怨，你就肯定会收获周围人以及老板、朋友、合作者等各路友人的支持和信任；若你平易近人、尊重人、理解人、关心人，你就肯定能够得到人们的喜爱，那个时候，你自然能够获得事业的成功。

位高不自居，功高不自傲

自从奉命开始平乱，王阳明经历了很多的战役，无论是大的战役还是小的战役，他从来都没有输过。"位高不自居，功高不自傲"乃王阳明数次获得战争胜利的重要原因。对于那些赢得战争的人来说，都会经历升官发财的阶段，但是王阳明却把功名看得非常淡，他一生中总共有 7 次升官的机会，有 5 次都是因为赢得战争，但是他都辞官了。因皇帝实在不批准，他才勉强继续当官。

王阳明觉得人生的最大忌讳就是一个"傲"字。作为儿女，如果心高气傲，肯定不会孝顺自己的父母；身为臣子，若是心高气傲，必然不忠于自己的君主。一个人若是很骄傲，心中永远都只有自己，但是如果我们能够做到无我的状态，那么就比较容易获得成功。王阳明认为，骄傲是一个人最恶劣的品质。

不邀功、不自傲的王阳明和平常的百姓没有什么两样，所以他能体谅民生。身为朝廷的命官，他只希望为百姓做事，始终充满爱国的热情。其实，官大不招摇，功高不自傲，高调做事，低调做人，这些是需要有一定的道德修养的。这不但是一门高深的学问，也是一门值得研究的艺术。真正聪明的人永远都会在声名显赫的时候将自己的锋芒藏起来，持盈若亏，从而得以默默地成就一番伟业。明朝的开国功臣徐达就非常懂得这个道理。

徐达出生于漆州一个农家，儿时曾与明太祖朱元璋一起放牛。他智勇双全，为明朝的创建立下了很多丰功伟绩，因此，朱元璋十分器重他。尽管他战功显赫，但是却从来都不为自己邀功，每到春天的时候，他都会出征，暮冬之际才得以还朝。回来以后，他总是马上将帅印交还出来，回到家中过着非常简朴无华的生活。

朱元璋对他说过："徐达兄为明朝建立了很多的丰功伟绩，但却从没享过一天的清福，我将我以前的旧宅邸赐给你，以便让你好好地享受几年。"朱元璋口中的这些旧邸，实际上是其登基前当吴王时居住的府邸，徐达不愿意接受。朱元璋请徐达去旧府

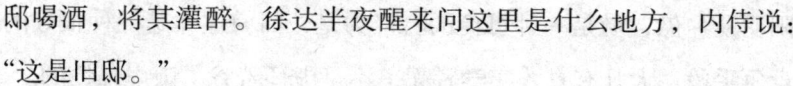

邸喝酒，将其灌醉。徐达半夜醒来问这里是什么地方，内侍说："这是旧邸。"

徐达特别惊讶，赶紧跳下床，跪在地上说自己犯了死罪了。朱元璋看见他竟然如此谦卑，心里面非常开心，就命人在这里重新建一个大宅子，并且在门前立了一个匾，亲自在匾上书写"大功"两个字。朱元璋以前赐给徐达一块地，因为正好处在农民必过的水路之地，所以徐达的家臣就通过这个谋私利。徐达了解了之后，马上将这块地交给了官府。

1385 年，徐达病逝于南京。朱元璋十分伤心，为此辍朝一段时间，并且追封徐达为中山王，将徐达的画像陈列于功臣庙首位，题词为"开国功臣第一"。朱元璋登基以后，从 1380—1390 年，因清洗宰相胡惟庸牵连被杀的功臣、官僚共达 3 万人；1393 年，有很多战功的将领蓝玉和曾经立过大功的将士均被杀，先后牵连被杀的官员竟有 15 万多人；在洪武十五年的空印案和洪武十八年的郭桓案中，被杀者达到了 8 万人之多。

朱元璋为了加强自己的统治而用了重刑，竟然杀了 8 万人，徐达从小就和朱元璋在一起，当然深知"伴君如伴虎"的道理。所以，他虽然功劳很大，但为人态度却十分谦和，最后得到了好报。

无论何时，人们都不喜欢骄傲自大的人，就算这个人做出了突出的贡献，成就了很大的功业。无论何时，我们都应该谦虚。因为谦虚是对别人的一种尊重，而人们都喜欢尊重自己的人。王阳明贬斥傲，傲是一种可怜的自以为是，而谦虚才是一种很好的竞争手段，大凡有真才实学者无一不是虚怀若谷、谦虚谨慎的。

不争才是最大的争

王阳明之所以能在中国的哲学思想上有如此之高的成就，与其"为而不争，天下莫能与之争"有很大的关系。年轻时的王阳明胸怀大志，一心追求真理，想要成为一名圣贤的人。他不仅性格特别好，而且不愿意向恶势力低头，所以惹来了祸端。之后，王阳明的人生有了非常大的转折。他离开了政治舞台，潜心研究儒教、佛教、道家的各种思想，他的所谓不争并不是说将一切都放弃了，而是放弃今天的利益以便争到未来，不争当前的小利以便争真正的天下。因其不争，故而能静心悟道，而且可以体会到很多之前不明白的道理，从而取得了这么高的成就。只有不争，才可以无忧无虑。利人就会得人，利物就会得物，利天下就能得到天下。善于利人的人，就像水一样恩泽着万物，不争才是聪明人的做法。

楚汉相争的时候，张良、萧何、韩信一起辅佐刘邦。因为楚军的力量强大，刘邦被项羽打败了。公元前205年，刘邦领着军队到了荥阳之后，才暂时停下脚步进行调整。这时，萧何已经听说了兵败的消息，就在关中地区征了大量的兵送去荥阳。在东边攻下齐国的韩信此时也知道了这个消息，但是他竟然不增援，却派人向刘邦提要求，希望刘邦能够同意假齐王的事情。面对韩信的无厘头理由，刘邦立刻发怒，并且决定立即出兵攻打韩信。在重要的时刻，谋士张良提醒刘邦："如今形势危急，我们不如同意韩信的做法，暂时先稳住他，避免小不忍出现大问题。"刘邦立即破口大骂："他韩信出兵征战沙场，出生入死，他要，我就封他做个真齐王，干什么要做假齐王啊！"然后，刘邦命令张良带上印信前往齐国，封韩信为真正的齐王。在韩信的增援下，汉军的兵力大大增加，立刻恢复了战斗力。

刘邦懂得不争的道理，令韩信没有了非分之想，充分稳定了军心，从而得到了支援。后来，韩信又帮助刘邦争天下，使"天下莫能与之争"，辅佐刘邦终成一代帝王。因此，不争并不是没有任何作为，甘于落后他人，也不是令人彻底地断了念想，而是奉劝世人要顺应自然，切不可只贪图眼前的一点私利。只有顾全大局，才能取得最终的成功。

与人无争的态度看起来好像特别消极，实际上是一种大智慧的做法，是一种懂得进退的好办法，同样也是一种成功人士所必备的心机。与人无争其实是一种智慧的"退"，而"无人能与之争"则是聪明的"进"。所以，我们在与人交往的时候一定要仿照天道去做，充分发掘我们的智慧，不畏艰辛，不计较名利，不邀功，只问耕耘，不看收获，如果能做到这一点，那就一定能够达到"为而不争，天下莫能与之争"的至高境界。

有一种智慧叫低头

在古越这块土壤上，越王勾践卧薪尝胆，灭掉吴国，充分体现了这种智慧。王阳明在为人作序时，落款常是"古越阳明子""阳明山人""余姚王阳明"等，他觉得自己是越人很光荣。王阳明从小就一直深受古越这片土地的熏陶，也深刻地理解卧薪尝胆的精髓所在，年少时期的王阳明曾经到访居庸关，在明白了古代征战的细节之后，思考御边之策，回来之后甚至还多次想着如何向朝廷建言献策，这种大胆的想法曾一度使他受到父亲的责骂。对于父亲的责骂，王阳明并没有发怒，而是常常出游，经常考察居庸关，并且还拜访那里村镇的老人们，向当地人了解蒙古人的一些生活习惯，以探访各部落的攻守防御之策，为其"平安策"寻找可以支撑的依据。最后写了关于军队改编的文章，初步体现了他卓越的军事才能。

实际上，俯首有时候比昂首更容易让人产生威严之感，有利于人们实现自己的理想。暂时的低头并不代表懦弱，韬光养晦的道理其实是一种积极进取的精神。就像是梁漱溟先生说的那样：儒家虽然提倡温良恭俭让，但实质上宣扬的却是一种积极进取的

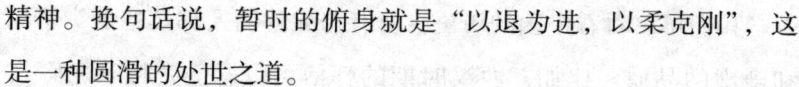

精神。换句话说，暂时的俯身就是"以退为进，以柔克刚"，这是一种圆滑的处世之道。

　　民间传诵着一句俗语："低头的是稻穗，昂着头的是稗子；其实低着头的稻穗充满了成熟的智慧之道，而昂头的稗子只是无知的空白。"苏格拉底曾说："天地总共有三尺，若是高于三尺的人想要在这三尺的天地生存得很好，就一定要学会低头。"由此可见，学会低头是一种智慧的体现。秦始皇陵兵马俑博物馆的"镇馆之宝"是一尊跪射俑。出土的万千兵马俑都是人类的精华之作，但是只有跪射俑被封了镇馆之宝的至高荣誉。

　　在出土、清理和修复的一千多个兵马俑当中，仅有这尊跪射俑保存得最完整，没有经过任何人工的修复。若是细心观察，我们就可以发现这尊跪射俑的发丝以及他脸上的皱纹。

　　专家曾解释过，这尊跪射俑之所以可以如此完整地保留下来，就是因为他的低姿态。实际上，兵马俑是地下通道类型的土木建构，若是棚顶塌陷了，导致土木都下来了，高大的站立姿势肯定会遭受大灾难，这样一来，低姿态的跪姿受到伤害的程度会大大降低。此外，跪射俑呈蹲跪姿，右膝、右足、左足三个支点呈等腰三角形，完全支撑着上体，整个身体重心在下，从而使它可以更加稳固地保存下来，与两足站立的立姿俑相比，跪射俑避免了倾倒、破损。所以，秦始皇陵兵马俑中的跪射俑在两千多年后的今天仍然可以非常完整地保存下来，可以说得上是"宝中至尊"。

我们可以看看中国的历史，所有有成就的人都具备低头忍耐和谦虚的品质。比如，西汉时期的韩信可以忍受"胯下之辱"，一心扑在研究兵法上，努力练习武艺，所以才得到了刘邦的赏识。三国时期的刘备可以做到一直低头，从三顾茅庐到孙刘联盟，每低头一次，他都迎来一个新的"柳暗花明又一村"的转折，最终有了"三足鼎立"的新局面。

一个人若是想追求更大梦想，那么面对挫折就要低头，通过一时的低头来保全自己。这是要很大的勇气的，因此我们应该拥有正常的平和的心态，像跪射俑那样一直保持着低姿态，这样就肯定能够躲开不必要的麻烦，不仅能避免意外的伤害，还可以更好地保全自己，发挥自己的能力，最终获得成功。

聪明不如糊涂，糊涂不如装糊涂

生活在这个世界上，我们总是难以避免对自身进行评价。这些评价往往是不同方面的。大家对待不同的评价做出的反应也应该是不同的。关于别人对自己的评价，王阳明有着自己的见解。王阳明曾经这样对学生说：叔孙、武叔两个人都诋毁仲尼，为什么有人诋毁孔子这样的大圣人呢？王阳明在《传习录》中是这样解释这个问题的："毁谤都是别人说的，就算是圣人也无法避免，所以我们只要提高自己的个人修养就可以了。若是自己是个名副其实的圣贤，就算别人都来诽谤，我们也没有必要反过来说他。这就像是浮云蔽日，怎么可能遮挡住太阳呢？若自己是个外貌端庄贤德的人，然而内心却是无德的人，就算没有任何人说他的坏话，他隐藏在内心的恶总有一天也会暴露出来的。因而，孟子曾经这样说：'会有意想不到的赞扬，也会有不公正的苛刻。'诽谤是来自外面的，怎样才能逃避它呢？我们只需要提高自身的修养，这样一来，即使有遭遇诋毁，又能如何？"

在生活中，我们在面对别人的毁谤的时候不仅仅是要提升自己的修养，有时候也需要装糊涂。无论是生意场上还是战场上，装糊涂也是一种智慧的做法。装糊涂只是面上看起来的假糊涂，但是心里面其实装着一颗明白的心。装糊涂的理由是什么呢？有些时候的确是情况所迫，迫不得已才这样做。若说这方面，我国历史上著名的军事家孙膑就曾遇到过相同的经历。

孙膑是战国时期有名的军事家，和庞涓一同出于鬼谷子的师门，但是在才智方面，孙膑明显比庞涓强。因为孙膑单纯质朴，鬼谷子比较喜欢他，私底下将孙武的著名兵书《十三篇》教授给他。后来，庞涓成为魏国的名将，孙膑到他那里去做事，庞涓才知道孙膑在老师那边得到了额外的技能，因此特别嫉妒孙膑。他竟然在魏王面前检举孙膑是奸细，并希望魏王可以对孙膑施以酷刑。被施了酷刑的孙膑没办法逃跑，庞涓便将他关在了一个秘密的地方，表面上对他百般地讨好，给他各种好吃好喝的，实则是乘机向孙膑索要《孙子兵法》一书。因孙膑无抄录手本，庞涓就让他把他所学到的东西全部抄写下来。庞涓计划着当孙膑完成书以后便不再给他食物，将他饿死。可是庞涓偷偷派来照顾孙膑的仆人将他的一系列阴谋全都告诉了孙膑，这使孙膑恍然大悟。

孙膑实际上是一个非常有谋略的人，他马上想到了一条可以脱身的计谋。当天晚上，孙膑开始装疯，一会儿号啕大哭，一会儿嬉皮笑脸，做出各种傻相，或唾沫流了一脸，或者是颠三倒四的，把抄好的书简拿起来烧掉。庞涓最初怀疑他是故意的，就将他扔进了粪坑，为了自己的理想，孙膑在粪坑里面爬，竟然完全不在乎。庞涓给孙膑很多酒菜，骗他说："吃吧，相国不知道。"孙膑一直骂不绝口："你们是想害死我吗？"他随手就将食物倒在了地上。庞涓又命人拿来土块和污泥，孙膑反而把它当成好东西拿来吃。庞涓因此相信孙膑真的疯了，怀疑之心也随之消除了。

此时，墨翟的弟子禽滑釐把他在魏国所见的孙膑的情况全部告诉了齐国的名臣邹忌，邹忌又将这件事情告诉了齐威王。齐威王命令辩士淳于髡到魏国去见魏惠王，暗中联系到了孙膑，偷偷地将孙膑接回了齐国。孙膑身陷在危险之中，能够沉着冷静，成心装疯卖傻，忍受了巨大的耻辱，所以才将庞涓骗了，因此才得以活命。之后，在马陵之战的时候，孙膑显示出了巨大的军事才能，用计谋除掉了死对头庞涓，一雪前耻。

孙膑就是因为装糊涂才得以有后面的成功。实际上，这种装糊涂是一种智慧的表现，有时候看起来没有用，实际上是真正的智慧。装糊涂的人能包容一切人，而自己以"无用"的面目示人。你自己若是很谦虚，就会将自己彰显得很高大；你越表现得亲和朴实，别人就越与你亲近，认为你亲切、可靠；你越是顺从，那么他的指挥欲望就能更好地得到满足，觉得和你配合得很合拍，很合得来。反之，你若是表现出强硬的姿态，总是高于别人，逼迫他人，对方就会觉得很慌张，做事情的时候便失去了把握，并且很容易产生逆反的心理，令彼此的交往和工作变得无以为继。

孔子曾经说过"刚毅木讷近仁"这样的话，无论是中国还是外国，这方面都有着让人惊讶的相似之处，美国总统富兰克林·罗斯福也曾表达自己的为人哲学："不会隐藏自己智慧的人其实是真的傻瓜。"因此，人们总是说大巧若拙、大智若愚，自己才是真正的智慧。

点亮一盏光而不耀的心灯

心学的建立成就了王阳明，为之冠上中国思想巨人的美名。但知道他的人都知道他的心学并不是在象牙塔里面参透出来的，而是在极其痛苦的时刻，凭借着自身那种不屈不挠的毅力走出绝望的生活，因而才得以在平静的内心构成的心学。

心学就像是一盏明灯一样为王阳明的人生指明了前进的道路。记得当初下狱时，他便问自己到底是什么力量支撑他度过了那段悲惨的经历。他在不断磨炼自己的同时，内心萌生了觉悟的种子。在到了龙场的时候，他领悟到了"万物皆备于我"，他了解了如何才能把不利的因素转化为有利的因素，并且成就了心学。王阳明寻找的便是这样的大智慧。

点明心灯，从自己过往的失败里走出来，再创辉煌，这便是这个时代要求人人都应该明白的人生道理。但是如果这盏灯太耀眼，便会伤及到自己和身边的人。能够温柔笼罩他人却不会让他人因此灼伤，这才是温柔质朴的人格。光而不耀，也是内心真正从容的表现。唯有点亮自己心中的那盏灯，让它一直散发出温柔的光芒，才是对尘世最大的贡献。

西汉武帝时，汉武帝宠幸卫子夫，卫青为其弟，因此被任命为大将军，封长平侯，率大兵攻打匈奴。

右将军苏建在和匈奴的一场战争里全军覆没，只身逃了回去，按军法处置，应当问斩。

卫青问长史、议郎等属官："该拿苏建怎么办？"

议郎周霸说道："大将军自从出兵以来，从没处分过人，现如今苏建弃军逃了回来，杀了苏建，可以树立大将军的威严。"

卫青说："我本来就是皇上的亲戚，并不怕在军中没有军威可言，你让我杀人立威信，虽然我有这个权力可以杀他，但是我

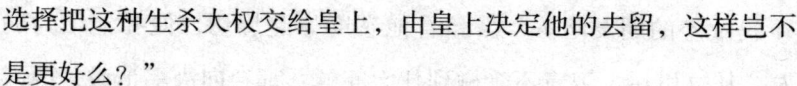

选择把这种生杀大权交给皇上，由皇上决定他的去留，这样岂不是更好么？"

下属们都十分敬佩地说："大将军说的有道理。"于是，卫青找人把苏建押解回长安听凭皇上处置，汉武帝怜惜苏建，并没有要他的性命，而是让他赎罪，同时也对卫青的处理方法十分满意。

苏建后来随着卫青打匈奴保家卫国，他对卫青说："您的地位真的十分尊贵，但是天下的贤士却都没有称赞您。古代的时候，名将们都会给朝廷推荐贤才，臣希望大将军也能够这么做。"卫青摇头说："你并不知道这其中的利害关系。从前，武安侯田蚡、魏其侯窦婴各自招揽贵客，结成党羽，由此来歌颂自己的声望，皇帝对此十分气愤，你觉得他们最终会有什么好下场吗？亲近那些贤士，聘用贤才，这些其实都是皇上特权，我们需要做的只是遵守纪律，各尽其职。"

汉武帝特别宠爱卫青，特意下令让其他臣子都要向卫青行礼，以此凸显大将军的尊贵。群臣都依旨而行，但是汲黯看到卫青的时候依旧向其作揖，有好心人告诫他："皇上要求我们行跪拜之礼，你不怕皇上发怒么？"

汲黯说道："那么多人都跪拜大将军，我又不是什么重要人物。难道大将军有个朋友就会显得不尊贵了么？"

卫青听闻这件事，表示特别兴奋，拜访汲黯说道："早就听说您的大名了，总是没有机会结识大人，如果大人看得起我，请让我做您的朋友吧。"汲黯看他态度如此恳切，便和他结为朋友，从这以后，卫青不管碰到什么问题，都会向汲黯请教，两人产生了难得真诚平等的友情。卫青总是谦虚地对待周围的人，对于他在官场人事处理方面有很大帮助，正所谓"人外有人，天外有天"，这便是那个最简单的道理，很多人都是因为年少气盛，总是觉得自己才气逼人，因而出言不逊，最后伤人伤己。

海成其大，最根本的原因便是它总是在最低处，水往低处流，因此好多陆地上的河流最终都会汇向海洋。人生活在这个世上，哪有不遇到挫折的呢，如果像大海一样把自己放在最低的地方，把自己当作世间的尘土，最终就会变得像海一样广阔。

其实，人的修为越高，就会表现得越谦虚，便是修养赐予他的财富。曾经有人问才学五斗的哲学家："为什么您这样的哲学家还要这么谦虚呢？"哲学家说："人的知识其实就是一个圆圈，里面便是你所学的那些知识，外面是那些你未知的知识。拥有越大圆圈的人觉得圆圈外的世界越发的大，这样便会看到自身的不足。"就像那些个成熟的麦穗会低下自己的头颅，同样的道理，学问越高的人也会表现得越谦卑。这些平凡而又伟大的道理改变了多少人的人生啊，如果能拥有这些品质，那将是十分可贵的。

事上居下，不必显露

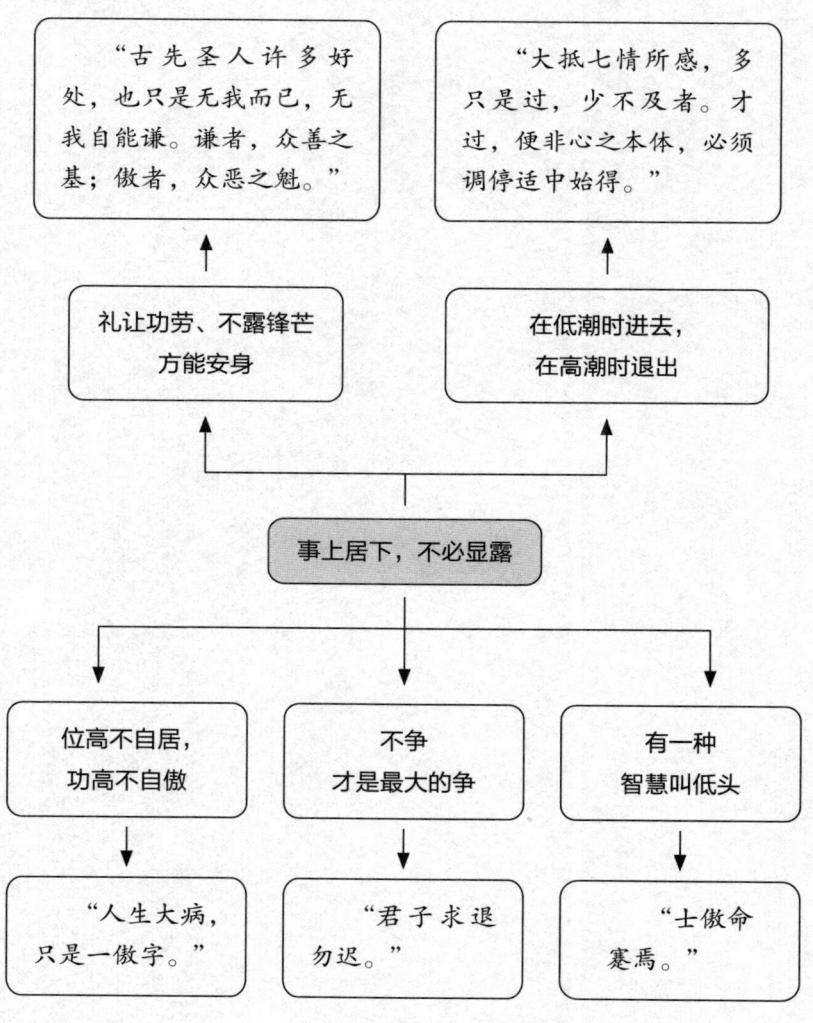

"古先圣人许多好处，也只是无我而已，无我自能谦。谦者，众善之基；傲者，众恶之魁。"

"大抵七情所感，多只是过，少不及者。才过，便非心之本体，必须调停适中始得。"

礼让功劳、不露锋芒 方能安身

在低潮时进去，在高潮时退出

事上居下，不必显露

位高不自居，功高不自傲

不争 才是最大的争

有一种 智慧叫低头

"人生大病，只是一傲字。"

"君子求退勿迟。"

"士傲命寋焉。"

（注：以上引文皆出自《传习录》。）

189

第九章
不惧逆境，不畏吃苦

"劳其筋骨，饿其体肤，空乏其身，行拂乱其所为，动心忍性以增益其所不能者，皆所以致其良知也。"

——《传习录》

身陷逆境，其实别有洞天

有人曾对困苦进行了一番这样的描述：困苦就像乌云一般，虽然漆黑一团，可是当你站在它的下面时，却发现它是灰色的。苦难没有那么可怕，面对苦难时，如果连从容的健康心态都缺乏，困难就会十分可怕。只要心情开朗，再大的苦难也是小事情；只要梦中快乐，寒冷的冬天就不会光顾；只要互相关爱，即使是"黑夜"，也会出现最动人的美好场景。

在龙场附近的小山洞里，王阳明正拿着《易经》进行品读，不断沉思"穷天人之际，通古今之变"，心境变得安然，心情充满喜悦，情绪变得积极向上。在融入当地农民生活的过程中，农民的质朴和诚实深深地感动了他。他们为他做很多事情，让他能够渡过难关，同时也使他认识到了人间的真情，感受到了良知，也有了新的启示。

完成伟大的事业就必须先经历痛苦。我们做事情的时候总是喜欢构筑心中的障碍，直至完成，构筑的障碍永远都不会消失。但如果有美丽的"童话"存在于自己的心中，应对生活的时候，你就会积极乐观，最美丽的花也能在"黑夜"里开放。苦难总是不好的，面对苦难的时候，我们应该充满勇气，用苦难磨砺自己，而不是认为自己永远无法跨越。有些人能够在灾难中奇迹般活下来，除了幸运以外，意志力十分顽强也是重要原因，他们相信自己，于是不断努力，直至成功。

人们一旦进入顺境，就很容易忽略危险，倘若是处在逆境之中，就能明智。人们在逆境中才会提高自己的本领，这时候磨难反而是好东西，能够锻炼人。正是这些磨难，才铸造了人们优秀的品质。逆境有成果，顺境却反而会阻碍成功，就是这个原因。若我们陷入苦难却依然能怀有平常心，对身边的事很清楚，想得久远，就能做成所有的事。

日子很平凡，我们无限的感动和惊喜可能就是茶、书或者某株植物赋予的。即使我们身处逆境，也要明白花开的季节早晚都会到来，因为生命在没有沸腾之前都要经历煎熬和等待。然后，在某一刻，我们就能知道：生命最真实的追求其实就在这样的生活里。

"生活多么难，我就多勇敢"。经历的那些苦难会给人们带来新的满足。就像春天一样，所有生命都苏醒，但是生命对于人只有一次，所以我们应该不断超越自己，珍惜当下的每一个选择。就像王阳明说的"本心"，若人们凡事依靠"本心"，积极地履行自己的义务，那么便能拥有光明的世界。每个人都会遇到逆境，只要种一颗光明的种子在"黑夜"里，并坚信它会发芽、开花，那么，最后美好的花儿一定会绽放。

面对成败，淡定处之

人的一生少不了有辉煌与低谷、成功与失败。辉煌是一时的，成功也是一时的。我们的精彩之处正是那一段段不同的旅程，我们可以从中知道以后该怎么走。然而，每个人的人生航线都会不断出现波折，而我们需要从容面对每个高峰和低谷，淡然处之，继续走下去。

王阳明人生最大的低谷便是贬谪龙场，即使身处艰难的处境，他也依然积极寻找立身之所。他发现程朱理学离开人的生命并且倾向于知识化、外在化，其中有很多弊病，就以简单的手法和"先立乎其大"的方法入手，开辟出了一条不同于朱子成德学说的道路，拓宽了自立自主的精神世界，发掘了道德自律和人格。

一个秀才在满是尘土的路上走着，显得十分悠闲。他摇着脑袋背诗词，看起来十分惬意。

早在一年前，秀才就已经离开了家，他想进京赶考，谁料落榜了。在开始的几个月里，他心情黯淡，整天喝酒，流泪后悔。两个月前，他与朋友出外游玩，将心中的苦闷诉说于一名老者，老人说道："你记不记得昨天早上第一个与你说话的人？"秀才回道："我已经忘记是谁了。"

"那什么人是你明天能遇到的人？""明天还没有来，我怎么能知道。""此时此刻，谁在你的面前？"秀才不懂，回答："只有您在我面前啊。"老人于是说："你已经想不起来昨天发生了什么了，明天的事情还没到，你不能预料将会发生什么。一直纠结于过去又有什么意义？明天无法预料，昨天已经过去，不如平淡地放下不愉快。你什么也没有失去，重新开始才是最重要的。"

秀才很惊讶，但是听得很认真，他似乎听懂了。老人又说："既然要重新开始，再对以前耿耿于怀又何必呢？就像溪水在前进的过程中偶然会遇到沙石，但正是点滴之水才汇成了万里波涛，你明白吗？"秀才点头微笑表示明白，心里却早有新的打算。把京城的事情处理完之后，秀才和朋友告别，准备回家。他决定三年之后再来。

秀才顿悟之后心如止水，再也看不到他双眼迷离的样子，取而代之的是豁然开朗，这种顿悟让他对于过去不再耿耿于怀，不再不肯定地畅想明天如何，一心只注意到现在需要做的事以及如何将其做好。

成功和失败都是生活的转折，只有有新的开始，才会有新的成功。我们一定要勇敢地面对这两者，不断前进，如果不往前迈一步，就算计划与机会再怎么好，成功都不会眷顾你。

生命就是一段段旅程，每一段都需要开始的一步，需要你自己闯荡，无论是成功还是失败，你都应该坦然接受。事实上，智慧并不是成功者成功的原因，真正的原因在于不论结果怎样他们都会向前，而成功的路是由这些小步走完的。王阳明曾经说，走路摔跤并没有什么不正常的，跌倒了就爬起来，装作没有跌倒过。小冲动、小惊险、小苦难、小得意、小成功都是人生的过程之一，只有不断尝试，你才能找到目标与方法。只有学习开始时小步前进，感受过程，累积足够多的经验，你才有信心去迈向更高的目标，而那时，你觉得这个目标也不过是有一些挑战性而已。只有勇敢地走下去，你才能够绽放自己的生命。

苦是乐的源头，乐是苦的归结

有人说，"人应该不纠结痛苦，也不求欢乐"，其实是说人生有苦也有乐，我们应该理性地对待。

王阳明28岁考中进士，在那之后，曾担任过刑部主事、兵部主事等职位。正当他要效力朝廷的时候，却需要面对政治劫难。正德元年（1506），因为营救南京科道戴铣、薄彦徽等人，王阳明抗疏，得罪了刘瑾，被当庭杖责，也因为这个有了牢狱之灾，他被贬到贵州龙场。刘瑾派人在其赴任的路上一路追杀。他逃过一死已算侥幸，之后去舟山游玩的时候搭载商船，但是飓风袭来，船飘到武夷山去了。王阳明本想在此隐居，却又担心父亲会遭到刘瑾的陷害，所以他先去南京找父亲，然后去了龙场。

逆境虽然给人带来磨难，但是也能够磨炼人，使人变得坚强，坚韧。磨难之后的王阳明有着更坚强的心性。他对于群众疾苦有了更多的了解，为生民立命，让自己在这种小磨难中不断地成长，最终建立起心学理论大厦。

乐的源头是苦，苦的归结是乐。"不经风霜苦，难得腊梅香""吃得苦中苦，方为人上人"，只有经历艰难的奋斗后才会产生成功的快乐。人们常说"头悬梁，锥刺股"，虽然很苦，但本质上还是快乐的。

人的一生如航行的船一样，可能会遇见汹涌的波涛，但也会有风平浪静的时候。在航行的途中，我们会经历喜悦和幸福，也会经历苦难和挫败，只有体验航行中的所有感觉，才能获得完整的人生。但是，在体验所有感觉的过程中，不要试图逃避悲苦，因为人生总是痛苦多一些。

有一群朝圣的弟子正要出发，师父把一个苦瓜拿了出来，告诉弟子们："随身携带这个苦瓜，遇到一条圣河时，在河里浸泡它，并且带着它回圣殿，把它供养在圣桌上。记住：要不断朝拜。"

弟子开始朝圣了，并分别按照师父的要求做了。归来之后，他们又将苦瓜给师父，师父让他们煮熟这个苦瓜，把它当作晚餐。吃饭的时候，师父先尝了尝味道，然后说："这很奇怪！用这么多圣水泡过，圣殿里也进过了，苦瓜竟然还是这么苦。"弟子们听了，领悟了师父的良苦用心。

圣水圣殿也不能改变苦瓜"苦"的本质。人生充满苦味，修行充满苦味，生命本质充满苦味，这些事情谁也不能让它有所改变！去梵高故居看过的人都知道，梵高的故居里仅有的物品就是一张破木床和一双破鞋。梵高的一生很苦，没有妻子，尽管条件很艰苦，但梵高仍然成为了顶级的大师，而且还创造出了很多不朽的作品。

我们也该用这样的态度对待人生，为困苦时刻准备着，需要将那苦的滋味尝尽，才能得到智慧。苦瓜的真相本来就是苦的，甚至连根都是苦的，是不可能变甜的。只有清楚地认识到事物真相，我们才能不纠结于困境，面对并解决好任何事情。

一辈子没有吃过苦、没有失过恋并不是圆满的人生，而是要尝尽苦的感觉、超越苦的感觉。生命的盛宴上包含了苦与乐，是波峰和低谷，高高低低，才能有波澜壮阔的感觉。当我们能够容纳苦的味道，认识到人生必然会经历苦的磨炼，苦便没有那么可怕。同样，接受乐，认识到生命的过程也有乐的存在，乐的含义就不会那么狭窄。享受生命的每一种味道，享受高高低低的起伏，珍惜苦与乐，由此我们才能掌握生命的乐趣。

耐得住寂寞，才能苦尽甘来

"沧浪之水清兮，可以濯吾缨；沧浪之水浊兮，可以濯吾足。"这首《沧浪歌》是渔父所作，虽然千年过去，却仿佛仍在我们的耳边回响。我们明白，一个人不管身处顺境还是逆境，若想苦尽甘来，就必须进取向上。如果昏君的无道和小人的奸佞同在，贤人不是选择勇敢地直面，就是选择委曲求全。但是，王阳明只会等待。他没有屈从于奸臣，更不想以死来寻得解脱，他在等待。

王阳明做事都是为了国家，却遭受了莫大的屈辱。他在诗歌《咎言》中写道："何玄夜之漫漫兮，悄予怀之独结。严霜下而增寒兮，曒明月之在隙。风呶呶以憎木兮，鸟惊呼而未息。魂营营以悄恍兮，目窅窅其焉极！懔寒飚之中人兮，杳不知其所自。夜展转而九起兮，沾予襟之如泗。"王阳明内心之苦楚与郁结在这些诗句里表现得十分明显，他虽苦心一片，却没人能懂。"何天高之冥冥兮，孰察予之衷？"当等待和收获过后，王阳明始终没有放弃自己的良知，而是执着一份信念，并始终保持着平和的心态，最终明白："圣人之道，吾性自足，向之求理于事物者误也。"

想要成就一番大事，必须在挫折和落寞中保持平静，这样才能最终到达"人迹罕至"的境界。假如急功近利，凡事都显得过于急躁，反而会适得其反，毫无收获。《庄子·内篇·逍遥游第一》说："北冥有鱼，其名为鲲。鲲之大，不知其几千里也；化而为鸟，其名为鹏。鹏之背，不知其几千里也；怒而飞，其翼若垂天之云。"北冥之鲲最终能够成为鹏的过程是短暂的，但沉潜与腾飞都包含在了"鲲化鹏"里。人生的某个关键时刻到来，由于年纪太小或者本身情况不允许，人们往往只可以沉潜在深水里，一动不动。但是如果遇到了好时机，或者是贮备足能量，就能发生巨大的变化，最终化身展翅。等待并不仅仅能让自己得以韬光养晦，最终的目的是为了一朝冲天。

楚庄王是春秋时代楚国著名的贤君，他即位的时候尚年轻，当时朝政混乱不堪，为了稳住事态，他三年没有过问政事，终日沉迷声色，但其实是在暗暗等待时机的到来。有人责问他，他回答："三年不飞，飞将冲天；三年不鸣，鸣将惊人。"果不其然，在这之后，楚庄王励精图治。他在位共22年，运用贤良之人，整顿朝纲，大兴水利，重视农业，发展商业，使楚国的国力越来越强盛，先后灭庸、伐宋、攻陈、围郑，陈兵于周郊，向周王朝问鼎，最终才成为春秋五霸之一。

楚庄王的这种做法就是"厚积薄发"，他并不惧怕蛰伏期间的碌碌无为所招致的质疑与轻蔑，而是耐心等待时机。实际上，蛰伏是人生中绝大多数时候的状态。这种姿态并不是没有作为，而是故意以弱势的状态争取到一种好的氛围，从这种淡然的氛围中得到自己想要的东西。

"世上无难事，只怕有心人。"得到幸福的人往往是那些耐心等待的人。很多人不能利用寂寞使自己得到充实，遇见机会，最终只能成为无作为的人。因此，如果没有机会，还不如选择等待，只有长久地等待，才会遇见绝好的机会。

人生需要经过反复磨炼

《诗经》中说："如切如磋，如琢如磨。"人生就似一块璞玉，精心打磨需要切、磋、琢、磨等各项工艺，雕琢这块璞玉时只有凭自己的努力，才能呈现出完美无瑕的艺术品。圣人之心和常人之心是不同的，王阳明常说：圣人的心好似镜子，那么明亮，容不下一点纤尘。但是常人之心，则只有在经过磨炼之后才可拂去其表面的污垢和杂质。王阳明经历过各种艰难困苦，并且他把这些磨难当作是一种磨炼心性的过程。

《传习录》中有这样一个故事：陆澄是王阳明的学生，他暂居鸿胪寺时，家中突然来信，告知儿子病危。知道这件事情之后，陆澄非常担忧。王阳明对他说：这恰恰给了个机会让你得以磨炼，平时的讲学探讨都是空的，只有在用于遭遇困难的时候，才能够真正提高自己的能力。

要到达更高的人生境界，就必须遭受百般磨炼，正是这种心态让王阳明慢慢磨炼自己的心性，体会到人生的味道，开始对于自我精雕细琢，渐渐让心性如美玉般无瑕。

当然，不可能每一块石头都是玉石，不可能每一个贝壳都孕育出珍珠，也不是所有种子都能发芽开花的。要想拥有积极向上的动力，就必须磨炼自己的意志，从而提升自己的思想。只有遇到挫折不退缩的人，才会活得更有意义。

很久以前，有一个想培养一颗世上最大最美的珍珠的养蚌人。他去了海滩，希望挑选最好的沙粒，并且一一问那些沙粒想不想成为珍珠。沙粒却都说自己不愿意。养蚌人问到了天黑，他几乎要失去自信了。这个时候，有一颗沙粒答应了他的要求。于是，伙伴们都嘲笑这颗沙粒，于是它就将自己封闭在壳里，远离亲人、朋友，见不到阳光、雨露、明月、清风，甚至都呼吸不到空气，天天都活在黑暗、潮湿、寒冷、孤寂里。

这颗沙粒并不后悔，义无反顾地跟着养蚌人走了。日子过得很快，几年之后，那颗沙粒已变成一颗珍珠，晶莹剔透、价值连城。它的那些不愿意牺牲的伙伴们依然是堆沙粒，并没有什么改变。

也许我们只是一颗十分平凡的沙粒，但如果我们立志要成为珍珠，并且学会忍耐和坚持，在历经黑暗与苦难之后，我们就会在不知不觉当中长成了一颗珍珠。珍珠的本来面目就是沙粒，不过，成为珍珠的沙粒信念十分坚定，并且从来不曾因为自己的选择而后悔。

正身做人好似打磨雕砚一般。工匠刚从溪流里涉水挑选而来的砚石，石块呈灰，拿回去之后的第一道工序便是暴晒，因为虽然所有的石头看起来都很精致，但其裂痕却让人难以发觉，想要显现出来，就必须不断日晒雨淋才行。石头没有经过打磨的时候表面是粗糙的，色彩和纹理也不容易看出来，只有经过切磨打光，才会长时间地呈现出完美。修底是雕砚最重要的一步，如果底不平，那么就很难着力，很可能不太好雕，因此，无论花纹与藻饰多么细致，首先做的都是最基础的。

其实，做人何尝不是这样？不管是怎样的表面，经过琢磨，都会呈现出来美丽的纹理。在生活中不断历练自己，就好像雕砚时的磨砺，君子即使外表敦厚、内心耿介，也必须经过心志与肌体的劳苦之后才能成就大事。修底与磨砺都是必须经历的过程，正身的方法便是戒与慎。

将受束缚的常人之心变换圣人之心是王阳明所重视的，这个改变的过程很艰难，想要完成就必须要有永不退缩的勇气和毅力。人生之中磨炼必不可少，没有这个过程，只能永远停滞不前。每个人都只有经过精心琢磨，才能使人生得到改变，实现自己的价值。

忍得一时方能成就伟业

正德十六年，明武宗去世，明世宗继位。王阳明平定了朱宸濠叛乱，因而得到了新建伯这个爵位。但是困苦的生活仍然还在继续，爵位其实是虚的，王阳明的待遇并没有发生实质性的改变。就在这个时候，王阳明的老父亲王华病逝了。对手诽谤自己、朝廷无视自己、父亲不在了，这些使王阳明的神经紧绷，最终病倒。虽然身体病倒了，但是王阳明的心却没有倒下，他知道就算再悲痛，对事情也没有什么帮助，因此，他只好不断忍耐，不断坚持。

怀着这样的信念，王阳明的病渐渐好了。他把政治的烦恼抛开，将自己所有的精力都投入讲学中。那段时光很快乐，王阳明能够感觉到巨大的幸福和满足的来临。弹劾他、对他的学说非难的人并没有消停，然而他们阻挡不了王阳明宣扬学说，前来听讲的人越来越多。

王阳明不执着于当下，心胸豁达，他能够勇敢地面对生活，并且不断宣扬心学。事实上，从一个人的生命开始，各种困难和折磨就接踵而来。当面对困难的时候，人人常常灰心丧气、抱怨失望，而另一种态度就是忍耐和等待。他们相信事物的变化，也许哪一天命运发生了改变，那么就能够得到青云直上的机会。

可以说，想要事业成功，就必须具备忍耐的品质。人如果希望成功，就要能够忍耐。有人曾经这么说过："忍耐和坚持虽然痛苦，但是也会让你幸福。"那么，"忍"到底是怎么样的呢？中国人对忍的理解很特殊，他们认为，"忍辱"才是所谓的"忍"。没有这种忍，就不能够承担重大的责任，如果不忍耐，就不能办好任何事情。忍是成功的必备过程。

汉更始元年，刘秀指挥昆明之战，王莽和整个朝廷都震动了。然而，能干的刘秀兄弟遭到了更始皇帝刘玄的嫉妒。

刘玄并不是什么好人，参加了农民起义军纯属投机，也没有立下多少战功，当上皇帝之后的他只知道天天喝酒享乐，对朝政之事置之不理。他很害怕自己的皇位被人夺走，所以用"大司徒刘縯久有异心"这个乱编出来的罪名杀害了立有战功的刘縯。刘秀知道这个消息之后差点晕过去，因为信使在面前，他努力控制住自己的情绪，说："陛下英明。刘秀没有建功立业，不能够受到奖励，刘縯犯了这种死罪，本应诛杀。希望您告诉陛下，如果他不嫌弃，我愿意为他当牛做马。"然后，刘秀告诉手下将士："我兄长不懂国法，丢了性命，是自作自受。我们要拥护汉室，扶持更始皇帝，不能有二心。皇上圣明，汉室可复兴了。"刘秀态度虔诚，将众将感动得落泪。但是他明白，刘玄杀害了兄长，也难以容下他。

之后，刘秀更加恭敬刘玄，对自己的战功三缄其口。刘玄虽

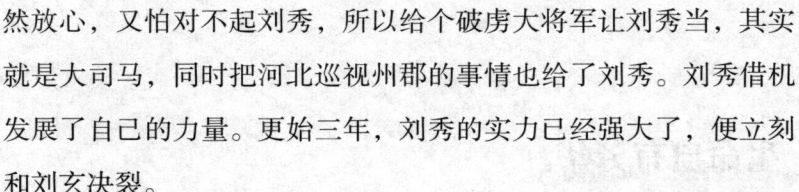

然放心，又怕对不起刘秀，所以给个破房大将军让刘秀当，其实就是大司马，同时把河北巡视州郡的事情也给了刘秀。刘秀借机发展了自己的力量。更始三年，刘秀的实力已经强大了，便立刻和刘玄决裂。

更始三年六月己未日，刘秀登上了皇帝的宝座，称光武帝，建国号汉，即历史上的东汉。此时，32岁的刘秀年轻气盛，急于成就大业。他能伸能屈，终于转危为安，建立了东汉王朝。

观摩刘秀的处世方法，你就知道正是因为"忍"才让他取得了成就。小不忍则乱大谋，忍并不代表懦弱无能，忍是在退步的时候想着往前走的招数。老子曾经说，上善若水，最温柔的是水，同时最强大的也是水。这就是忍的力量，不是单纯地依靠自己，而是相信上天的安排。

大丈夫应该能屈能伸。成就伟业必须学会忍耐，如果不懂忍耐、急躁不堪，最终只能与良机擦肩而过。祸患的起因都是因为没有忍耐的气度。人生在世，需要忍耐的事情很多，事业失败、感情受挫、人生磨难、经济合作、人际关系、家庭生活等都需要忍耐。我们经历一生，总会遇到很多事情需要忍耐。只有学会忍耐，并将自己的忍耐实践在生命的历程当中，你的人生才能够取得非凡的成就。

生命自有芳华

人的苦恼和运动员手里的铅球一样，如果不全力抛出，就会成为沉甸甸的负担。如果心怀那些不幸或者痛苦的经历，只能更累。如果能放下苦恼，我们的生命定会有芳华绽放。

王阳明刚刚踏上贵州地界，就遇到了令人难以想象的苦。贵州很穷，并且还有可怕的瘟疫。像他一样从中原被流放过来的许多人在半道上就死了。就算能够到达，也很难融入当地的生活，或者压根不能生活，或者没有办法医治所患的疾病，最后只有饿死或病死的结局。

王阳明的精神支柱是圣人对待困境的态度，即不把苦当作苦。他在《初至龙场无所止结草庵居之》中说："缅怀黄唐化，略称茅茨迹。"他对儒佛道思想进行研究，并不断领悟。他结合了思想粗犷的地方和生活精微的地方，用内心的意志抵抗物质的贫困，用平静的态度对待风险，毫不在意谪居龙场的困苦。他自己也曾经感叹："啊，这就好比古圣人是囚徒却把自己是囚徒忘了，虽然变老，对此却并不在意，我的一生也应该这样度过。"

苦不入心，自会有芳华在人的生命里出现。人生原本就是一场考验，通往成功的道路上布满了荆棘，其中的艰辛困难、煎熬

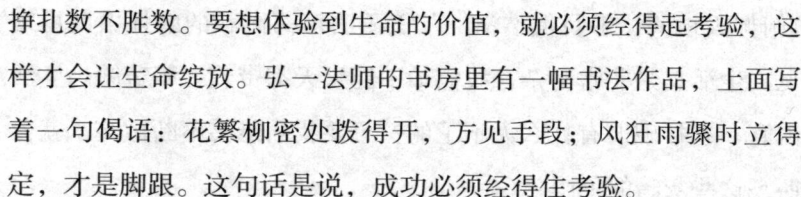

挣扎数不胜数。要想体验到生命的价值，就必须经得起考验，这样才会让生命绽放。弘一法师的书房里有一幅书法作品，上面写着一句偈语：花繁柳密处拨得开，方见手段；风狂雨骤时立得定，才是脚跟。这句话是说，成功必须经得住考验。

晋南平（今安乡、津市一带）有一个人叫车胤，字武子。这个人很爱学习，但是因为贫苦的家境，他连买灯油都没有钱，所以晚上不能够继续读书。这样，到了晚上他就背诵。

有一个夏天的晚上，他正背诵着诗文，忽然看到很多萤火虫，就像星星一样明亮。于是他想：是否能够用萤火虫的光亮来当作灯呢？这样就不用什么灯油也能读书了！他叫人做了个白绢口袋，并在里面放了几十只萤火虫。果然，这是个不错的办法。车胤就是这样埋头用心读书，终于学富五车，之后当过吴兴太守、辅国将军、户部尚书等。

"读书别畏难"，一个对于学习有志向的人早就做好了抵挡各种考验的准备，这样才可能有所成就。生活也应像读书学习一样经得住各种考验。生活给予我们期待和欢乐，但是也一并赐予我们失望和伤心，没有谁能够一帆风顺地生活。当我们在暗河里沉溺时，如果心中一直坚信这只是暂时的，即使生活有再多的坎坷，我们也不会郁郁寡欢。

王阳明初入仕途，很快就被贬下狱，即使监牢既破败又昏暗，身体在这种环境中被不断摧残，可是他却更加坚定了自己的信念，仿佛生活是欢乐的、洒脱的。王阳明在《读易》中写道：

"俯仰天地间，触目俱浩浩。"王阳明坦荡无私的胸怀由此可窥见。生活总是非常复杂，我们却不能天天都带着一张苦脸。生活困窘、衣衫破旧有什么大不了的？只要我们能够不断微笑，就会照亮这些灰暗的色调。

有位哲人曾经说过："人的生命仿佛奔腾的海水，如果出现岛屿和暗礁，就会激起美丽的浪花。"苦难不是什么可怕的东西，它像盐一样，生活这桌盛宴正因为有了它的调剂才没有了味道；苦难似烈酒，释放的快乐只有在麻木之后才能体会得到，醉酒之后才能够明白清醒是多么可贵。喜悦对应悲伤、顺利对应坎坷、幸运对应不幸、得到对应失去，这些都是同时存在的，赋予了我们多姿多彩的生活，也让我们在老了之后能有更多的往事可以回首。

生活是一道并不简单的题，破解的过程很难。心灵不会在波澜不惊的生活中成熟，如果希望自己变得勇敢、坚强，那就需要苦难出场，为生活加点佐料。

不惧逆境，不畏吃苦

身陷逆境，其实别有洞天

"困知勉行，学者之事也。"

面对成败，淡定处之

"譬如行路的人，遭一蹶跌，起来便走，不要欺人做那不曾跌倒的样子出来。"

苦是乐的源头，乐是苦的归结

"哑子吃苦瓜，与你说不得。你要知此苦，还须你自吃。"

人生需要经过反复磨炼

"常人之心，如斑垢驳杂之镜。须痛加刮磨一番，尽去其翳蚀，然后才纤尘即见，才拂便去，亦自不消费力。到此已是识得仁体矣。"

耐得住寂寞，才能苦尽甘来

"诸君只要常常怀个'遁世无闷，不见是而无闷'之心，依此良知，忍耐做去。"

忍得一时，成就伟业

（注：以上引文皆出自《传习录》。）

第十章
勤于求知，细于做事

"学者时时刻刻学睹其所不睹，常闻其所不闻，工夫方有个实落处。"

——《传习录》

要做切己的学问

一个悟道的人往往不屑于卷入无聊的争辩当中。其实，那是在浪费一切，真知是不可能靠争辩得出来的。王阳明少年求学，40 岁时，在龙场的一个夏夜，他突然顿悟，欣喜若狂地跳下石床，欢呼："圣人之道，吾性自足，不假外求。"那个时候很奇妙，他脑中的所有知识、经验、见解都自动排列了开来，逐渐形成了他独特的思想。由此，他的心学体系正式形成了。

就这样，他知道了"为学之要"和辩论完全没有任何意义。一个悟道的人能清醒地判断：什么是我们值得珍惜的，什么是我们应该舍弃的，真实的和虚假的是什么样的，有可能把握的和暂时不可能把握的是什么样的。你有可能能够看见那些客观存在的事物，有可能看不到，不需要争论，就算要争论，那么只能证明两个人都看不到。

吃到肚子里的并不都是有营养，有营养的必然是滋养身心的。赚到手的不一定是钱，钱花出去才能让自己的身心快乐。也就是说，学问不一定条条是道，学而必须对身心事业有所裨益。

因此，一个在感悟道理的人只求能够实实在在。这一点王阳明十分清楚，因此他一直用"着实操存，密切体认，自己身心上理会"①来教导学生，这种途径才可能感悟到道理。

争论，通过沟通可以彼此分享，相互补益，这样才能知道别人的真情实感和真知灼见。沟通分为两种：一种是无效沟通，一种是有效沟通。如果你的话对方不接受或者不理解，那么便是无效的沟通，假若对方一定要和你争个你死我活，这样的沟通不仅没有效力，甚至可能会产生负面的作用。只有对方接纳了你的意见，这种沟通才能起到作用。聪明的人只会进行有价值的沟通。孔子在《论语·卫灵公》中说："可与言而不与之言，失人；不可与言而与之言，失言。知者不失人，亦不失言。"大致的意思是说：对某些人说的话说不说都行，等于是失人；管不住自己的嘴对别人说了不该说的话，等于是失言。聪明的人既不会失人，也不会失言。

王阳明是聪明的人，但是不可避免地也有失言的时候。有一次，他和一位老儒聊天，他们俩格格不入，最后他只能将老儒送走，坐在椅子上后，脸色很忧伤，半天都没有说话。弟子钱德洪询问他们交谈的情况，王阳明说："方圆凿枘，格格不入，圣道本来坦易，世上的俗儒自加荒塞，终身陷于荆棘场中而不悔，我没有找到表达自己的方式！"②

有学问的儒家们一辈子都在读书，守了一辈子旧，内心的偏

---

① 出自南宋理学家朱熹的《答窦文卿》。

② 出自《传习录·门人黄以方录》。

见却十分坚硬，怎么可以得到道呢？王阳明和他们谈论不过是浪费口舌而已。通常情况下，只有功夫不好的人才喜欢争辩，他们对自己的所讲是否正确并不是很在意，但是却一定要取得争论的胜利。如果你说南方比较暖和，他会反驳说北方更暖和，原因在于北方有暖气。倘若下次你按着他的意思来，说北方人不能冻，他会说北方人冻得厉害，而且还能讲出一堆的大道理。

总的说来，他并不在意事实，而只是想自己争得赢。原因是什么呢？功夫不好的人自然没有多少自信，要想得到别人的信任，就需要自己有真知实干，他们肯定自我的一种重要的方式就是在争论中获得胜利。倘若失败，他们的自信心就会受伤。王阳明没有必要和人争论，因而他这样教导学生，"切忌轻自表暴，引惹外人辩论"。俗话说，"树欲静而风不止"，你并没有争辩的意思，只是想把自己的想法说出来，可是别人却喜欢争论，偏要跟你进行一番理论，你怎么都不能躲开，还不如尽量少发表一点意见，少惹麻烦。

假如你碰巧和一个喜欢争辩的人碰上了，该如何是好呢？20个世纪以前，耶稣曾经告诉过人们这样一个圆通的方法："赶紧参考一下你反对者的意见。"如果对方喜欢喋喋不休地争论，那么你就说"你是对的"。这是对事实的承认，并不是虚伪的表现。

我们任何一个都不能够把世间事了解得很透彻，正如一位西方哲人所说："事实不是我们看到的，事实只是我们对看到的东西再加以解释。"正因为大家眼中看到的不是真正的事实，因此，"世间万物都存在多个观点"。

悟出道理与没有悟出道理的差异是：悟道者知道自己是"盲人"，没有悟道的人却永远都不知道自己是盲人。人与人之间的差别其实并没有多么明显，但是每个人对待同种问题的看法却有可能存在着天壤之别！

不必迷信权威

在中国传统文化中，有三大危害：一是崇古非今，圣贤都已经死了，经典也就变成了不可撼动的死学问；二是迷信权威，过度推崇前人所留下的言论，这样使得人们都缺乏创新精神，其实，有点创新是必要的，不然就无法融入新的时代；三是服从权势，因为迷信古人和权威，总应该有一种坚持真理的精神。若只有"固执己见"的愚执，就会远离真知，难以分清楚是对是错，那么应该听从谁的呢？自然听从权力大的人的，由拳头大的说了算。

显而易见，这三种都不是做学问的正确道路。王阳明从这三个怪圈中跳了出来，于是出了"求之于心"的观点，主张弘扬坚持真理的精神。不管是谁说的，只要是对的都听从。不对的就是不对的，谁说的都不能信。问题就在于用什么标准来判断对与不对呢？根据王阳明的理论，当然应该以自己的良知为标准——若是我认为那是不对的，我就会产生怀疑。我深深地觉得那种感觉是准的，便可以听信它。这样能分辨出失误吗？当然可能。通向真理的路本来就是崎岖的，走错路很正常，这又有什么关系呢？只有坚持真理，我们才会离真理越来越近。

对于权威，王阳明并不迷信，那个时期，朱熹的理学是最权威的学问，朱熹所注解的六经是科举的必考内容。王阳明受二程、朱熹、陆九渊等宋儒的理学的影响特别大，从中受益良多，从来不盲从于权威，敢于提出新的看法和意见。比如说，他指出朱熹对大学的注解有不妥的地方，便对弟子徐爱说："原句当是'大学之道，在明明德，在亲民，在止于至善'，不是'新民'，而是'亲民'。程颐用'新'取代了'亲'，这不是曾子的本意，朱熹没有修改这样的错误，误导了后人，以后要按照本来理解，朱熹的话不可尽信。"[1]

如果根据朱熹所说，本是明德，末是新民，目的是前者，而后者则是实现目的的方法。可是王阳明有不同的看法，要做到明德，其实就是要亲民，若亲民了，就做到了明德。知和行是统一的，在实际中要相互结合。

这两种说法，失之毫厘谬以千里，究竟孰是孰非？不论《大学》的原意是否真如王阳明所理解的那样，但他一心求解、不向

---

[1] 出自《传习录·徐爱录》。

权威低头的品质令人称赞，而且他的观点对理学的发展很有意义，可操作性很强。一心一意为人民服务，真心"亲民"的人就算得上"明德"。

关于治迷信的方法，王阳明觉得应"求之于心"，常人并不容易理解，语焉不详，这种方法与佛家禅宗"明心见性，顿悟成佛"的提法十分接近，但佛家却提出了如何不信迷信的方法，这样更容易使人理解。四个学佛的原则，都适用所有的学问：

第一条就是依法不依人。就是说，对讲法的人却不依从。王阳明的"求之于心而非也，虽其言之出于孔子，不敢以为是也"和"求之于心而是也，虽其言出于庸常，不敢以为非也"跟"依法不依人"的观点同出一辙。在平时生活中，很多人都有洞察事实的慧眼，有的权威却会满口胡言，所以一定不能单纯相信对方的身份，只有冷静地判断，才会有真知。

第二条是经不依论。传世经典通常经过了时间的考验，而尚未经过时间的考验的经纶却让人持有怀疑的态度。如果有疑问存在，就不能盲目相信。倘若经、论两者起了冲突，又无法证明两者孰是孰非，要依经不依论。即使是孔子所说的也可以不必全信，那是以孔子的确错了的情况为前提的，倘若没有办法判断出对错，孔子的可信度还是比较高的。

第三条是依了义不依不了义。有的经典是"了义经"，有的经典却只能算得上是"不了义经"。"不了义"和"了义"是什么概念？一般说来，就是没有通达真理和通达真理。举例来说，

1+1=2，几千年来大家都说没有问题，便是了义；1+1=3 这种说法也有，并且道理很充分，可是却没有实证，只能将信将疑，便是"不了义"。通常来说，像《论语》《中庸》这样的经典已经经历了时间的检验，没有问题，便是"了义经"；王阳明的《知行录》，由于没有足够可靠的证明，便不能算"了义经"。当然，也不是说"不了义经"毫无价值，因为它也有可以悟道的"了义"。

第四条是依智不依识。心里的体验为"智"，说的是真切的感受，这就是王阳明所说的"得之于心"，知识、见解为"识"。通常来说，"识"没有"智"可信。举个例子，糖你是吃过的，你的真切体验就是"糖是甜的"，这就是"智"。这时，若有一个厉害的人想方设法地说服你"糖是苦的"，你对此印象深刻，那么这就是"识"。"智"和"识"你应该相信谁呢？这个时候，你应该"依智不依识"。

只要你遵守上面的四条原则，你的大脑就不会为任何权威所"控制"了！

学问要点化，但不如自家解化

这是做学问的三个阶段：

教学为第一阶段，对基础知识进行学习，像算数、识字这些是主要任务，学会了就是学会了，没学会就是没学会，不能作假。帮学为第二阶段，师父领进门，修行在个人。自学是第三阶段，老师起到点拨的作用，主要靠自己来参悟。做学问说的就是这一阶段。

王阳明是导师，因而他对学生的要求是"自家解化"，自己则只是起到点拨的作用。可是，对不同程度的学生，王阳明也有不一样的态度。他派季本任南宁教习时，因为该地学风不正，他便写了《牌行委官季本设教南宁》这样一篇措辞严厉的公文，里面有些语句能够起到威慑震撼学生的作用："每日拘集该府县学诸生，为之勤勤开诲，务在兴起圣贤之学，一洗习染之陋……大抵学绝道丧之余，未易解脱旧闻旧见。必须包蒙俯就，涵育薰陶，庶可望其渐次改化。谅本官平素最能孜孜汲引，则今日必能循循善诱。诸生之中有不率教者，时行夏楚，以警其惰。"

那里面的大部分学生年龄在二三十岁，有的是四五十岁，但是还不知道求学必须自己积极，而要老师来鞭笞他们、"强迫"他们，他们才会去学习。要是还是不照做的话，就不得不采用最原始的方法：打屁股。王阳明自然不会亲自去教这样平凡的学生，他有繁重的公务、军务，顶多只能对那些程度较高的学生稍微开悟下。"点化"的妙招不外乎当学生在学习的时候确实到了将悟未悟的程度再适当地点拨下，如"拨开云雾见月明"的效果一般，被点拨者就能够触类旁通了。

真净克文有位弟子叫从悦，出去学习的时候，他从来都是毕恭毕敬地对待前辈。有一回，他吃着荔枝从清素禅师的窗口经过，十分有礼貌地说："长老！这水果是我从江西老家带来的，给您尝几个，好吗？"

清素很开心地接受了，感叹道："从我的先师圆寂之后，我就再也没有吃过这种水果了！"

从悦问："请问长老的先师是哪位高人？"

清素说："是慈明禅师，我侍奉他差不多有13年了。"

从悦称赞道："您这么长时间担任艰难的苦差，想必尽得大师真传了吧？"他一边说着，一边把自己手上所有的荔枝都给了清素长老。

清素感谢地说："先师曾经嘱咐我不要收弟子。如今遇见你这么虔诚的人，因这荔枝结成的缘，便为你破一回例。将你目前的心得全部讲给我听吧！"

从悦非常高兴，十分诚恳地讲了他对于禅的一些理解。清素启示道："佛魔共存才构成了这个世界，立地成佛，不能成魔。"从悦听过之后恍然大悟，也因此成为了一名高僧。

有言道："与君一席话，胜读十年书。"从悦四处参学也没有领悟到深刻的道理，却在清素禅师简单的话语中惊醒了。

然而，求学悟道是一步步积累、由量变到质变的过程，倘若没有"十年书""一席话"，也就不足以将小宇宙点燃。倘若从悦没有一定的境地，就算清素禅师开解得再富有哲理，平常人恐怕也难以悟道。

通常来讲，明师不大会对那些功夫一般的学生进行点化，也不一定就能够点化那些了解到位的学生，而要学生有自己领悟的空间。正如王阳明所言，靠别人来点化，"靠人不如依靠自己"，悟道时产生的莫名的喜悦才是求道者最有益的收获。

唐代高僧香严智闲禅师出家的时候还很年轻，最开始参学于百丈怀海禅师，他十分聪慧，博览群书，但是在悟道方面始终没有突破。自百丈大师圆寂后，他又参学于怀海的大弟子灵佑禅师。灵佑问他："听闻在先师百丈那，你能学一知十，问十答百，这是你天资聪颖的效果。不过，通过理智和领会概念来学禅，并不是真正在心里理解了。你能说说你在生前的根本么？"

智闲一副茫然的样子。他翻遍平时阅读的书籍，还是没有丝毫头绪，便想请师父点拨。灵佑说："我现在不会点拨你的，即使我现在说了，你也不会真正获得这种感悟。"智闲失望不已，在这之后他又学习参悟了很久，却仍然想不出答案，不禁十分丧气，发誓说："我不是学佛法的料，还不如做个到处云游的行脚僧。"

于是，他向灵佑辞别，开始云游天下。

后来，他在南阳国师慧忠禅师墓旁建庐隐居了下来，靠耕地收粮食让自己存活。有一天，他除草的时候捡起了一块瓦片，随手抛到地外，恰好把旁边的一棵竹子击中了，发出了一声清脆的响声，撞击着智闲的心。他顿时恍然大悟，一下子理解了当初灵佑提出的问题！

智闲十分高兴，终于理解了灵佑大师当初不肯为他点拨的原因。

接着，他到住处沐浴焚香，跪拜在灵佑住山的方向并且感恩说："师父，您大慈大悲，您的恩情我没齿难忘，要是您当日为我说破，我今天又怎么会有这样大的感悟呢！"

很多人在求学的时候都抱着功利心，目的不外乎办大事、发大财，殊不知学问上最大的收获应该是精神上的满足。只有有了这种精神上的觉悟，才不会去在意世间的功名利禄；如果你的悟性再高点，如佛祖"视王侯之位，如过隙尘；视金玉之宝，如瓦砾；视纨素之服，如敝帛；视大千界，如一诃子"[1]。这般也极有可能。

不做"书呆子"

王阳明的心学被大家当作一种学问，但这只是修证的一种方法。如果一味地学习，不知道修证和开悟，就没有多大的意义。道家佛家的修证方法王阳明都是知道的，他写了一首《再过濂溪祠用前韵》，对自己的心境做了描述：

_____

① 出自《佛说四十二章经·达世如幻》。

曾向图书识面真，半生长自愧儒巾。

斯文久已无先觉，圣世今应有逸民。

一自支离乖学术，竟将雕刻费精神。

瞻依多少高山意，水漫莲池长绿蘋。

意思是说，半生把功夫用错了地方，只知道在书本中寻求得道，"以先觉觉后觉"的行觉者早已不在读书人之中了，只有我这样的人如此。写文章治学，许多精力都被白白浪费了。"瞻依多少高山意，水漫莲池长绿蘋"，这就是对于学问的领悟，不可以用言语来表达。

在后来的教学中，王阳明教诲弟子说，不需要在知识上求得解释，把切实的东西做好就够了，把学问融入事实之中。有一次，他问学生九川："你对于'致知'有什么体验？"

九川说："自觉不同往时，操持常不得恰好处，此乃是恰好处。"

王阳明说："所以说，体与听这两者之间大有不同。我初与讲时，知尔只是忽易，未有滋味。只这个要妙，再体到深处，日见不同，将有无穷尽的快乐。"

九川回答："此功夫却于心上体验明白，只解书不通。"

王阳明对他进行开悟："只要解心。心明白，书自然融会。若心上不通，只要书上文义通，却自生意见。"

王阳明的"心明白，书自然融会"，这么说并不是太夸张。一个人如果心通了，自然也能贯通别的方面，那么这件事情只要看看就能明白，还可以融会贯通，清除掉其他门类的障碍。例如王阳明，不管是做官、带兵，还是在教学方面都做得很好。唐代文学家韩愈说："术业有专攻。"王阳明却能同时做好几件事。原因何在呢？因为世间万物遵循的都是同一个"道"，这样从每一个方向上来看，自然可以融会贯通。伊尹是个厨师，管理天下也可以运用厨道，这样的管理方法是很不错的；管仲是个商人，管理天下也可以运用商道，这样的管理方法也是很不错的。因为这些道理原本是一个道。但是，一定要专门修习技能，会书法的人一定是需要练过字的，没打过枪自然不会懂得枪法，倘若能有所领悟，那么学任何技能的速度一定会更快一点。

客观地说，知识有益于开悟，通常，你的知识体系越完善，开悟的可能性就越大，但两者之间的联系却不是完全必然的。

唐朝有一个很有才气的书生，在对禅宗祖师的语录进行了研读后，自以为已得到开悟。一天，他专诚去庐山拜访名满天下的归宗禅师，和禅师在佛理方面进行了一番研究，并炫耀自己已到了无修、无得、无证的境界。归宗禅师当时只是有一点表情，并未发表任何意见。

经过很长时间的谈话，书生辞别归宗禅师。归宗禅师站起来，将这个书生送到门口的时候很客气，忽然问："阁下的棉袍后面怎么有一个大洞？"

书生一听，语气很慌乱："在哪里？在哪里？"

归宗禅师连忙大声说："这就是你所说的无修、无得、无证？"

书生羞愧不已，灰溜溜地走了。

书生自称已经到了"无修、无得、无证"的境界，就表示对任何事都可以不在意了，但是他对一件棉袍都放不下，一听说便乱了分寸，这样没有一点定慧功夫，只能闹出笑话。或许他对"无修、无得、无证"的知识有过了解，但是每个人这种境界的达到，实在相差太大。境界的上升并不是掌握了概念和知识就可以达到的，两者之间的不同是存在于本质上的。

佛经中有一个故事是关于文殊菩萨和善财童子的，告诉人们知识和悟境不是一回事：

善财童子到处求学、希望能够多多学习善的知识。有一次，他去拜会妙月长者，问道："从我对这些东西的感悟之中，听别人谈论般若波罗蜜是否可以得道呢？"

"般若波罗蜜"是梵文音译，大概意思是"智慧成就到彼岸"。

妙月长者说："不是这样的啊。因为般若波罗蜜只有亲自领悟才能够达到。"

善财童子十分不解："难道知识不是听说而得到的吗？我们对一件事物产生认识，难道不是经过思考得来的吗？亲自领悟，难道不是听了知识产生的吗？"

妙月长者解释道："亲自领悟，并不能只用思考这一种方法。举个例子：在一片广袤的沙漠中，泉、井、河流都没有。夏

日的时候太阳很大，一个旅人由西往东度过沙漠，途中，他碰到了一个从东面来的人，就说：'我极其干渴，请您告诉我，何处可以找到泉水与阴凉，让我能够解渴、沐浴，使我的体力得以恢复？'往东来的人说：'往东一直走，你会看到两条岔道，左右各一条。想要找到清泉与阴凉，只需要你朝着右边继续往前走。'你想，在对泉水与阴凉的知识进行了了解后，这位旅人是否就解除饥渴了呢？"

善财童子说："不能。只有按照对方所说的亲临泉水的地方，喝饮它，在这其中沐浴，才能使饥渴得以解除，使体力得以恢复。"妙月长者说："年轻人，修行也是同样的道理。悟明真道不能单纯地依靠学习、思考和知识的增长。正如我刚刚所说的，生死便是沙漠的寓意：一切众生暗喻在由西向东的人里；外在的境地是热，内心的贪欲是渴；佛或菩萨是由东走来的人，是懂得开悟的人拥有大智慧，能看清楚所有的真谛，只有那些经过他自身实践过的东西才会告诉我们：饮清泉、解渴、除热。还有，青年人，我再拿一个比喻向你说明：倘若佛陀再留一劫在人世间，包容了一切的准确的词语，运用了所有的比喻描述，使大家知道美味的甘露和它的妙处。你想，人世间的人，如果光听说了，是不是能亲身体验到这种美好呢？"

善财童子说："不能！只有亲历过才能知晓甘露的滋味。"妙月长者说："是啊！我们认知般若波罗蜜决不能单纯靠思考和听闻。"善财童子终于参悟了这个道理。

对于应消化知识这个观点，王阳明的理论无异于妙月长者教授的那样。有渊博的知识自然很好，但最重要的是品尝"甘露的滋味"，否则只会成为"书呆子"，这是世间求学者都应该明白的！

人须在事上磨，才立得住

有一次，一个学生拿了一个问题请教于王阳明："心静时能感受到心安，可一有什么事就会使心态发生改变，这该如何是好？"王阳明说："不克己而一味静养就会造成这样的现象，遇事便会心乱。只有经过了磨炼，人才有稳固的根基；无论是静还是动，心都能平静。"正是由出自涵养的大部分道理和出自学问的小部分道理才造就了王阳明一生的成就。而"不动心"，即"心定"便是其涵养的集中体现。他的自信与从容离不开心定，只有这样才能够冷静地处理问题。

那些大人物不一定在学问、智能上比普通人强，强的正是知道如何定心。有些人的心始终定不下来，就算什么事都没有，也非得闹出点事端，让负面的情绪包围自己，让心像小白鼠在转轮上一般得不到安宁；一旦遇到了什么事，他们就会产生强烈的"化学反应"，更别说产生什么物质了。

功力好一点的人，大多数情况下尚且能够保持平和的心态，没有什么可以担忧的，可是碰上不熟悉的人或事，心便静不下来了。功力再好一点的人，可以将信息过滤掉，排开负面情绪的干扰，通过这样来镇定内心，或者可以把信息进行合理的分析，从有利的一面出发看问题。可是倘若有什么问题自己难以排解，依然会心中郁闷。

他早就清楚，即使是功力再好的人也没有解决不了的事。这样想来，也就没有什么可慌张的了。宋代政治家宗泽有诗云："缓步徐行静不哗。"只有这样，分析问题时才能保持冷静，积极寻找有利的条件，使问题得到解决。这样的人也就差不多了，但距离最高的境界还有很远的距离。倘若察觉到事情不能得到解决，仍会滋生沮丧、慌乱的情绪。那些能够使心安定的人，通常能够通透地理解人生和世界。一般人到不了也不需要到如此高的境界，但是功夫仍然是有必要下的，每个人都应该尽可能地使自己变得从容自信、遇事不慌张。

如何才能提高定心的功夫呢？

有一个方法是做学问，在思考、学习之后，渐渐领悟内心疑虑的事，迷惑便少了，也就能安心多了。"腹有诗书气自华"说的正是这个意思，以读书学习，提升了智慧，增强了自信，不会对任何场合怯场，自然就会安心多了。

可是光读书也依然是不够的，就像王阳明在《传习录》中所言，"须在事上磨，方能立得住"，这才是真正的功夫。每天只是在同样的事情上花工夫，就不能做到真正的心安。

王阳明讲"知行合一"，一直强调做事。有这样一个例子，一位经常听王阳明讲学的下属官员遗憾于没有时间拜王阳明为师，对人说："此学甚好，只是簿书讼狱繁难，不得为学。"

王阳明知道此事后，对他说："我何尝教尔离了簿书讼狱，悬空去讲学？尔既有官司之事，便从官司的事上为学，才是真格物。如问一词讼，不可因其应对无状，起个怒心；不可因他言语圆转，生个喜心；不可恶其嘱托，加意治之；不可因其请求，屈意从之；不可因自己事务烦冗，随意苟且断之；不可因旁人潜毁罗织，随人意思处之：这许多意思皆私，只尔自知，须精细省察克治，惟恐此心有一毫偏倚，杜人是非，这便是格物致知。簿书讼狱之间，无非实学。若离了事物为学，却是着空。"[①]

有的学生接受了"在事上磨"这个观点，但却依然没有自信心去做事情。有一次，一个学生说："我不好的地方就在于对事情不明了。"

王阳明说："其实原因是你对于良心不明了。"

学生听了，不明白所以然，但是又不敢再多问什么。

王阳明又说："所谓了事，也有不同。有了家事者，有了身事者，有了心事者。你所谓了事，大概是以前程事为念，虽说是了身上事，其实有置办家业的想法，这是想了家事。若是单了身

---

① 出自《传习录·陈九川录》。

事，言必信，行必果者，已是好男子。至于了心事者，果然难得。若知了心事，则身家之事一齐都了。若只在家事、身事上落脚，世事何曾有了时？"

一个人若想把家里的事情、自己的事情办好，并肯定内心难以安定，必须具备良知，使自己的心安定下来，这样才不会疑难和畏惧任何事情，成功也会来得容易得多，那么事情也就更容易办妥。这样来说，做事只有强烈的欲望，还不够加强心的定力，倘若做事以定心为目标，也许就会方便得多。有些人看起来没有多少机会做事，只是在一些重复的工作上花费时间，不可能在学问进步、事业成长上有飞快的进展，对于"磨心"也没有什么好处。

在王阳明看来，做事并不需要动手，也可以动眼、动嘴、动脑，想做事的机会随时都有。例如，王阳明教授弟子时往往会找事来让弟子做。对于初学者，王阳明通常让他们先学习，等到"志定"以后才能得到正式被接见的机会。在《教约》中王阳明规定：入门者每天早上都必须做这样一项功课——当众实话实说：是否真切地在敬爱亲长？说话做事是不是有欺骗的地方？

很明显，对于学生来说，这是心灵的一种考验，跟自己在心里自省并不一样。对自己进行省视只是学，而行动便是说出来，这就是所说的"知行合一"。在歌诗、习礼上，王阳明都有具体的要求：歌诗的目的是为了精神宣畅、心气和平，只有澄心肃虑才可习礼，从而使德行得到坚定。倘若学生的入门功夫没有什么问题，才由王阳明亲自教授。每次临坐，先要把香点燃，静静地坐上很久，然后再让学生提出问题或者将自己的见解讲述出来，王阳明来给学生进行点拨。

王阳明的整个教学活动都离不开"行"。有意自磨其心者可以借鉴他的方法。例如，对着镜子大声地说出来自己内心当中的志向，就是"行"的一种表现；告诉朋友、同事自己内心当中的志向，不害怕他们的嘲笑、怀疑、嫉妒，也是"行"的一种表现；该道歉时就大胆道歉，也是"行"的一种表现；发表言论于公共场合而且丝毫不畏惧，也是"行"。

我们有很多方法来练心，任何时候都可以做到迎难而上，这样自然能提高自己的心理素质。当然，不避讳生活、工作及人际关系上的难题，积极解决它们才是最好的练心的方法。当你克服了一个个难题，你自然就没有什么好惧怕的，还害怕心不会安定吗？

先讲人性，再求事功

在王阳明的心学体系中，心、性、理、良知等概念没有什么太大的差别。

他在《传习录》中说："心之体，性也，性即理也。"只要你把自己的心性、良知弄清楚了，那么自然就可以明白天理了。天理明白了，便能将事理弄清楚，那么办事也一定能取得成功。

倘若我们可以互用心、性、理、良知，为什么还要有三个不同的概念呢？原因在于这几个概念还有微妙的区别，王阳明在《传习录》中说："知是理之灵处。就其主宰处说，便谓之心；就其禀赋处说，便谓之性。"

王阳明的观点并不容易理解，对此，历代都有很多争议，而他的观点也被认为是唯心主义，在当时，唯物主义才是占主流的学说，因而他的学说被埋没了。其实，王阳明的学说还是有很多优势的。倘若想料理好事情，必须先料理好心——自己的心和别人的心。

王阳明在《传习录》中说："除了人情事变，则无事矣。喜怒哀乐非人情乎？自视听言动，以至富贵贫贱、患难死生，皆事变也。事变亦只在人情里。其要只在致中和；致中和只在谨独。"所有天下的众生和万事万物，都可以用人情和事变来归纳。你想探寻他人的人情变化，往往是不可能的，因为人的心情就像潮水一般变化万千，你又如何能理解？只有拥有一颗宁静的心，不在心里生出杂念，你才能清楚他人的人情变化。

只是，保持内心的宁静并非一件易事，该怎么做呢？倒不如借用王阳明的做法，把做功夫的本领领悟透彻。

王阳明不仅是军事家、思想家，还是杰出的教育家，天底下尽是他的门人和弟子。他几乎每到一个地方都要开办学校，在教育事业上做出了很大的贡献。在办教育时，他的出发点是"天理"，不让内心的"尘埃"干扰教学效果。他能这样，就是因为他有一颗宁静的心，把"人性"发挥到了极致。

王阳明从小就很好学，但他并不喜欢苦学，很少有孩子喜欢苦学，那要求学生苦学的原因又何在呢？王阳明在《传习录》中提出了这样的教学要求："凡授书不在徒多，但贵精熟。量其资禀，能二百字者，止可授以一百字。常使精神力量有余，则无厌苦之患，而有自得之美。讽诵之际，务令专心一志，口诵心惟，字字句句抽绎反覆，抑扬其音节，宽虚其心意。久则义礼浃洽，聪明日开矣。"

目前，中国的教师应该把王阳明的这段话反复背诵三遍，并把它给抄写下来贴在书案上。现在的老师都喜欢"徒多"，比如上课时间、补课、作业、考试等，他们在读书的时候盼望着教育出现改革，不想再被读书弄得头昏脑涨，但是当了老师之后，却摇身变成了学生的逼迫者，难道不能说他们是把"良知"忘掉了，不讲究"人性"了？

当王阳明还是学生的时候就十分喜欢有爱心的老师，讨厌冷漠的老师。现在他成功了，自然知道成功是怎么回事，也知道自己不是因为倚靠学问才取得成功的，因而他在《颁行社学教条》中告诉老师们："视童蒙如己子，以启迪为家事，不但训饬其子弟，亦复化喻其父兄；不但勤劳于诗礼章句之间，尤在致力于德行心术之本；务使礼让日新，风俗日美，庶不负有司作兴之意，

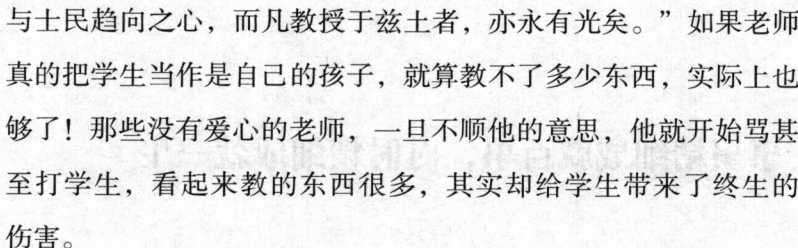

与士民趋向之心，而凡教授于兹土者，亦永有光矣。"如果老师真的把学生当作是自己的孩子，就算教不了多少东西，实际上也够了！那些没有爱心的老师，一旦不顺他的意思，他就开始骂甚至打学生，看起来教的东西很多，其实却给学生带来了终生的伤害。

王阳明学问有成，知道学问要靠累积，也知道勉强并不是明智的做法，所以他要求老师们尊重学生，不可急于求成。他在《训蒙大意示教读刘伯颂等》中说："大抵童子之情，乐嬉游而惮拘检，如草木之始萌芽，舒畅之则条达，摧挠之则衰痿。今教童子，必使其趋向鼓舞，中心喜悦，则其进自不能已。譬之时雨春风，霑被卉木，莫不萌动发越，自然日长月化；若冰霜剥落，则生意萧索，日久枯槁矣……若近世之训蒙稚者，日惟督以句读课仿，责其检束而不知导之以礼，求其聪明而不知养之以善；鞭挞绳缚，若持拘囚。彼视学舍如囹狱而不肯入，视师长如寇仇而不欲见，窥避掩覆以遂其嬉游，设诈饰诡以肆其顽鄙，偷薄庸劣，日趋下流。是盖驱之于恶而求其为善也，何可得乎？"

王阳明的这些话似乎并不是对当时的老师的责骂，而更像是对今天的老师的嘲讽。学生厌学源于失败的教学，这样的过失老师无法弥补！做任何事情都要按规律来，将自己的人性以及人情变化弄明白，那么也就能懂得别人的人性人情了。这样一来，成功自然会降临到你的身上！

事事精细成就百事，时时精细成就一生

　　世间万物并不存在着完全相同的大与小的概念。地球相对于银河系来说就是九牛一毛了，一只蚂蚁面对一片很小的树叶就像面对一个辽阔的广场一样。很多人把成功当成一件大事，对做小事丝毫不屑。有这样一句俗语："一屋不扫，何以扫天下？"道理其实是一样的，如果不做好小事，怎么可能做好大事呢！

　　正德元年，王阳明因为遭到宦官刘瑾的排挤，被贬为贵州龙场驿驿丞。跟京城的繁华比起来，龙场这个蛮荒之地可以说得上是穷山恶水，方圆几百里连出没的人都很少。但是王阳明并没有因为龙场地方小就一蹶不振，在他看来："天下之大，何事不可为？"他认为能否有作为并不是地方的大小决定的。大事也需要从小事着手，成就大事首先要把小事做到极致。很多不起眼的小事中蕴藏的能量不可限量。高楼是由小沙石建造的，星星之火可以燎原，简单的微笑能撒播欢喜与爱，所以小事物的力量是无穷的。

　　在所有的罗汉中，最为神通的就是注茶半托迦尊者。有一次，外道想加害佛，魔王准备用山来压，注茶半托迦尊者用手一指就把山推开了。尊者拥有如此神通的本领，但他小时候却十分

愚笨，甚至笨得让人不可忍受。老师告诉他念"悉达摩"，他学到"悉达"的时候却把"摩"忘掉了，学到了"摩"，又把前边的"悉达"忘记了。老师对注荼半托迦的父母说他宁可去教其他很多孩子，也不愿意在这一个学生身上花费时间。

注荼半托迦的父母无可奈何，只能把他送到吠陀教师那里。可是，他却怎么也学不会老师教的"奥玛普"，老师又让他的父母去给他请别的老师。注荼半托迦有一位很聪明并博学有礼的哥哥叫半托迦。巧合之下，他们遇到一些佛陀的弟子，过了不久，哥哥便出家了，注荼半托迦没有出家，只因为别人认为他太笨了，并不适合出家，所以他只能独自一个人在附近住着。

有一天，哥哥半托迦和其他人到释迦牟尼佛那进行朝拜，来到了室罗伐悉底城，看热闹的人很多。注荼半托迦也跟着一起，半托迦正好看见了他，便问他："你何以为生？"注荼半托迦回答："无以为生，在艰难困苦中生活。"

半托迦又问："出家为僧，你想要这样吗？""我太愚笨了，怎么能奢望呢？我连最简单的偈颂都记不住，我愚笨无比是众所皆知的。"注荼半托迦说。

半托迦对弟弟说："高低种姓、贵贱和智力高下并不影响佛法的习学，遵循佛陀原教义并把它落实到实处才是最重要的。倘若你真的想出家为僧，那么你肯定能够做到。"

注荼半托迦十分尊敬地来到佛陀及其弟子阿难面前，全知的佛陀洞悉了注荼半托迦谦卑和纯净的心，于是让阿难尊者为他剃度出家。阿难把偈颂教授给注荼半托迦："什么恶都不要去做，让自己的思想免于邪恶；所有的善事都要去做，莫执自我，正念、正知、正命，那么就不会被伤害、烦恼缠身，诸佛教示便是如此。"

过了三个月，注荼半托迦依然不能把这个简单的偈子记清楚，可是其他所有的新出家的人却连整章经典都背熟了，甚至连当地的牧羊人也熟知这个简单的偈颂和好几个其他的偈子。到最后，只好由佛陀亲自来教授他。佛陀要他打扫寺院以清除业障，而且一边扫地一边还要念诵、对"扫帚"二字进行思考。

这两个字虽然极其简单，注荼半托迦却依然记不住，因而变得十分苦恼。佛陀告诉他："'扫帚'便是将尘垢去除掉的意思。你想想看，为什么要诵读'扫帚'二字呢？"注荼半托迦思考着："尘垢是什么呢？尘垢是灰土瓦砾；去除是什么呢？是清净的意思。"

由此可见，佛陀是在告诉我们，不仅要将外面的尘垢扫除掉，还应该将心中的尘垢去除掉，当除尽了烦恼之后，那么自然就能得到智慧了。

注荼半托迦一直如此思考着，毫不间断，终于领悟慧根，在打扫的时候透视幻象，开始得以领悟，也终于证得阿罗汉果。注荼半托迦如此愚笨，甚至背不下来简单的偈子，但却专注于扫地，神通第一的大罗汉非他莫属。《大智度论》云："一心正念，速得道果。"

只有愿意去做小事，才有气魄干大事。不要对小事抱有轻视的态度，如果对工作有益、对事业有益，那么每个人都要从小事着手。坚固的事业往往是用小事堆砌起来的，只有从小处着手，建造的长城才会牢固。千里之行，始于足下；合抱之木，生于毫末。想要致千里，想要成为大树，就必须始于足下，从一点一滴的小事做起。对平凡小事不屑一顾的人，就算有再远大的理想，也只是个肥皂泡而已。只有脚踏实地地专注于小事，他日才能成就大事。

勤于求知，细于做事

勤于求知

不做"书呆子"

（只要解心。心明白，书自然融会。若心上不通，只要书上文义通，却自生意见。）

要做切己的学问

（圣人之道，吾性自足，不假外求。）

学问要点化，但不如自家解化

（学问也要点化，但不如自家解化者，自一了百当。不然，亦点化许多不得。）

细于做事

人须在事上磨，才立得住

（人须在事上磨，方立得住；方能静亦定，动亦定。）

事事精细成就百事，时时精细成就一生

（所谓汝心，亦不专是那一团血肉。）

先讲人性，再求事功

（自视听言动，以至富贵贫贱、患难死生，皆事变也。事变亦只在人情里。其要只在致中和；致中和只在谨独。）

（注：以上引文皆出自《传习录》。）